宮川公男 著

OR入門

丸 善 出 版

まえがき(初版)

本書はOR（Operations Research）についての入門的解説を試みたものです．ORについては，すでにわが国でも多くの書物が出版されていますが，それらは大部分ORで用いられるいろいろな方法の技術的な側面の解説を中心にしています．本書では，著者は方法よりはむしろ考え方，あるいは問題のつかみ方に重点をおいて説明するように努めました．したがって本書の読者としては，ORの専門家となろうとする人たちとともに，あるいはそのような人たちよりもむしろ，経営者・管理者をも含めて企業や政府に働く人たち一般，さらにはいろいろな専門領域に学ぶ学生の皆さんを想定しております．ORの実質的な内容にまで立ち入ってやさしく書くことはきわめてむずかしい仕事ですが，本書ではわかりやすくするようできるだけ細心の注意を払ったつもりです．しかし，今後さらに改善を加えられるよう読者からの批評を期待しています．

また，本書の程度を越えてさらにすすんだ研究のためには，著者は別に大学の専門課程の学生のためのテキスト，あるいは参考書として『オペレーションズ・リサーチ』（春秋社刊，昭和45年）を準備しましたので．それを御参照いただければ幸いです．

本書は，著者がここ何年かの間にいろいろな機会に執筆した原稿，あるいは行なった講義の記録などに基づき，それに加筆し，また欠けている部分を新たに執筆してできあがったものです．旧稿の整理の段階では，一橋大学大学院学生の高橋三雄および伊丹敬之の両君の援助を受けました．

まえがき（初版）

本書の計画および執筆の途中で，多忙な公務の兼任や著者の勤務する大学での紛争など，完成を遅延させる事情が発生しましたが，上記両君をはじめ，いろいろな人たちの御協力で完成にこぎつけることができたことを感謝します．

昭和44年9月

宮　川　公　男

復刊まえがき

本書の旧版は，日本経済新聞社から昭和 44 年に出版されました．幸いに，ビジネス系の学生や社会人のあいだで好評となり多くの読者をえることができました．今回の丸善出版からの復刊にあたり，今日までの社会，経済，国際関係の大きな諸変化を考えてみますと，取りわけインターネット，ネットビジネス，パソコン，半導体，AI，携帯電話，クラウドビジネスなど OR の平和的利用に関わる技術革新によって多くのことを補足しなければなりません．しかし，これらについては入門書では書ききれません．また良書が沢山ありますからそれらに譲る事にします．一つの例としては高巖，清水千弘 共著，『AI ビジネスの基礎と倫理的課題』モラロジー道徳教育財団，2022 年がありますので参考にしてください．

アメリカの有名な政治学者ウィルダフスキー（A. Wildavsky）は世界を動乱の地帯と平和の地帯の二つに分けましたが，2022 年 2 月に始まったプーチン大統領のロシアのウクライナ侵攻により現在は日本も含めほとんど世界中が動乱の地帯になってしまいました．第 2 次世界大戦時代に生まれた OR は戦争に勝つための学問でしたが，本書では OR の平和的利用の重要性を強調しました．ロシアの文豪で平和主義者だったトルストイの著書『戦争と平和』を思いおこすと，プーチン大統領の戦争主義には世界中の非難が集中するのは当然のことでしょう．これからの読者には，そのことを頭において本書をお読み頂きたいと思います．

最後に丸善出版（株）企画編集部の小畑悠一さんには，本書

復刊まえがき

初版（日経文庫）を細かいところまで目を通して頂き貴重なコメントをしていただいたことに厚く御礼申し上げます.

2024 年 3 月

宮　川　公　男

目　　次

1　経営革新と経営科学

§1　管理技術の革新——新しい経営科学への期待

【生産技術と管理技術】

マネジメントの**意思決定**の革新は，相続く経営革新の最終ステップであるといわれています．近代化された優秀な工場設備をもち，高度の生産技術を誇る企業も，劣悪な管理技術，マネジメントの拙劣な意思決定をもってしてはその存続が危うくなることは，私たちの経験によっても明らかです．どのような商品をつくるか，どれだけつくるか，いつつくるか，いかにつくるか，などについての決定が当を得なければ，近代的新鋭工場も利益を生むことはできません．

戦後20年以上たって，日本の企業のレベルは，生産設備とか生産技術の面では，ほとんど世界のトップレベルまできていますが，それに対して**経営管理の技術**という面では，まだ先進国，特にアメリカの企業とだいぶ差があるのではないかと考えられます．いままでの日本の企業の成長は，立派な工場に代表されるように，目に見える設備とか生産技術に重点が置かれてきました．それに対して，これからの企業の問題というのは，目に見えないものの方に目が向けられなければなりません．

工場とか，生産技術とかいうものは，コンピュータ分野の言葉でいうと，いわば企業の**ハードウェア**（hardware）ということになります．日本のコンピュータはハードウェアの面ではすでに世界のトップレベルにきています．ところがそれに対する**ソフトウェア**（software）の面では，まだかなりおくれています．それと全く同じように，企業も，工場とか設備面ではトップレベルにきているけれども，それの使い方の面に関しては，まだかなりたちおくれています．

そのコンピュータの方の言葉を借りて，ソフトウェアという言葉を使うことにしますと，企業のソフトウェアを構成するものにはどういうものがあるでしょうか．一般に企業は2つの部分からできていると考えられます．1つは工場で，これはハードウェアに当たります．そしてもう1つがソフトウェアに当たるもの——これを事務所ということにしましょう．工場は，何か目に見えるものを**インプット**して，別の目に見えるものを**アウトプット**します．たとえば原材料とか，人，設備，機械などを投入し，それに何らかの変換をほどこして，別のもの——製品にしてアウトプットします．そういう役割を工場はもっています．図1·1で，原材料，資本，労働といったものを生産要素の市場から調達してきて，それらを工場で製品に変換して，製品市場に出します．

ところで，他方の事務所ではどういうことをやっているのでしょうか．生産要素の市場から，どこでどういうものが買えるかというようなことについて，たとえば原材料の市場とか人間の市場から**情報**をとってきて，そしてそれらの生産要素をいつ，いくらぐらい調達して工場にインプットするかということを決めます．そしてまた工場から，工場の中の状態がどうなっているかというような情報をとってきます．または製品市場から，どういう製品がどういう層にどのぐらい売れそうかということについての情報をとってきます．また，逆に情報をつくり

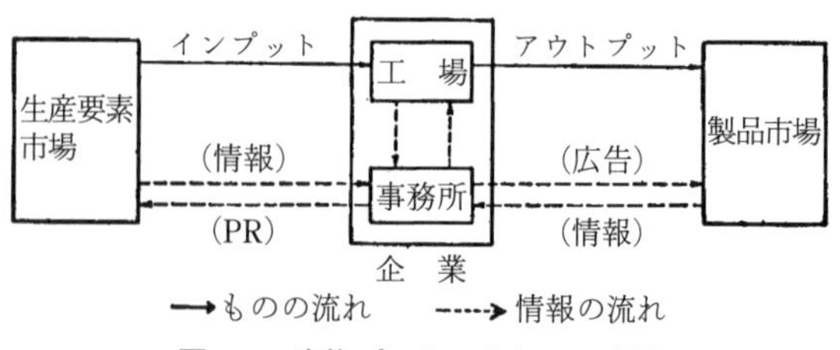

図1·1　変換プロセスとしての企業

出して流します．要素市場について考えますと，たとえば求人のための PR をするとか，資本市場に対する働きかけをするとか，ということです．それから工場へも情報を流します．これは工場の中をどういうふうに組織するか，それをどういうふうに動かすか，どの製品をいつ，どれだけつくるかというような計画やコントロールに関する情報を工場に流すことを意味します．あるいは製品市場に情報を流します．その典型的なものは広告です．自分のところでどういうものをつくったとか，いくらぐらいで売るか，それはどういうよい性質をもっているかということを広告として製品市場に流します．そういう仕事を事務所ではしています．

したがって工場では，目に見えるものがインプットで，目に見えるものがアウトプットであるのに対して，事務所では目に見えないいろいろなところからの情報，すなわち生産要素市場からの情報，製品市場からの情報，あるいは工場からの情報などがインプットであって，それに対するアウトプットは，いろいろな市場に対する働きかけという情報，あるいは工場をどうやって動かすかということについての情報などです．

先ほどいったように，図1·1の上半分の目に見える部分については，ほとんど世界のトップレベルにきていますが，あと1つの下半分の方がこれからの問題というわけです．そこでこの事務所の役割をもう少し別の形で書きかえると，図1·2のようになります．そこでははいってくるものが何らかの情報であって，出ていくものが何らかの形の別の情報であるわけですが，事務所では，このはいってくる情報を出てゆく情報に，やはり

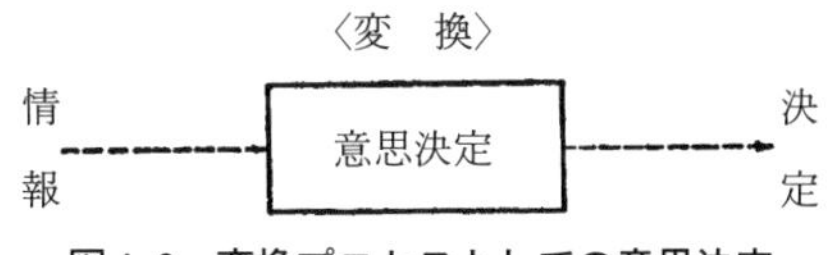

図1·2　変換プロセスとしての意思決定

工場と同じように何らかの変換をほどこします．この変換のことを一般に意思決定ということができます．いいかえると意思決定によって情報が決定に変換されます．そういう意思決定という変換を担当しているのが事務所であるということができます．そこでは，適切な情報をいろいろとたくさん集めて，それを適当に加工・分析して，それに基づいてどういう決定をしたらよいかということが問題になります．

そこでこれから，このような意思決定について問題にしたいと思います．

【意思決定の科学】

ここでは2つの問題があります．1つは意思決定という，情報をインプットして決定を出す，この変換の仕方，あるいは変換のメカニズム，それが1つの問題です．それからあと1つは，いくらこの変換の仕方がうまくできていても，はいってくる情報がよくないものであればどうにもならないということがあります．ちょうどいくらよい工場であっても，はいってくる原材料が悪ければ出てくる製品も悪いのと同じように，はいってくる情報が悪ければ，いくら意思決定のやり方がよくても，出てくる決定はよいものではありえません．

コンピュータの分野にGIGOという言葉がありますが，これはGarbage In, Garbage Outの略で，Garbageというのは“がらくた”という意味です．要するに“がらくた”がはいれば出てくるものは“がらくた”です．はいってくるものがくずであれば，出てゆくものもくずでしかないのと同じように，はいってくる情報が悪ければ，出てくる決定もよいものではありえません．いくら途中の変換のメカニズムがよくできていても，よいものは出てきません．計算機も全くそれと同じわけで，コンピュータには，インプットのデータが悪くてもよいものが出てくるというような魔術的な力は全くないわけです．

要するに，事務所における問題には大きく分けて2つあります．1つは意思決定の変換のメカニズムがよいかどうか，あと1つはここにはいってくる原材料に相当する情報というものがよいかどうか，という点です．第1の意思決定のメカニズムの問題を新しい立場から考えようというのが**経営科学**の問題です．そしてあとの方の情報という原材料を問題にするのが，最近よくいわれている**MIS**（management information system；経営情報システム）の問題です．現在の企業が直面している問題はこのように整理することができると思います．

本書の主題は以上の2つのうち前者の経営科学の問題，特に意思決定の科学の問題です．マネジメントの意思決定に関する科学は，いろいろな新しい科学からの貢献を受けており，その拡がりは非常に大きく，このような小著でその全体をおおうことはとうてい不可能なことです．そこで本書では，そのうちの1つの大きな分野である**OR**（operations research）をとりあげ，その考え方と方法の全体の概要をつかむことができるよう解説したいと思います．

OR と並んでいま1つ重要な分野に**マネジリアル・エコノミックス**（managerial economics）がありますが，これが問題別の体系をとっているのに対して，OR は主として方法別体系をとっているところに大きな相違点があるといえるでしょう．*

§2　革新への要請――その背景

さて，以上のような経営科学に支えられた管理技術の高度化に対する要請は，どのような背景から出てきたものでしょうか．それを次に考えてみたいと思います．

【ますます複雑化する組織】

企業はその発展とともに，その内外にたえず新しい問題を生み出してきました．そのおもなものとして，外には**独占**や**産業**

* マネジリアル・エコノミックスについては，拙著『意思決定の経済学』Ⅰ，Ⅱ（丸善，昭43～44）を参照してください．

体制の問題が，そして内には**組織の複雑化**の問題があります．

動力設備と機械の発達に基づく第1次産業革命は，生産の機械化と企業規模の拡大とをもたらしましたが，その結果は筋肉労働における分業だけでなく管理的労働の分業をも招来しました．企業の規模の拡大のために，1人の人間が生産，販売，財務，人事，技術などのあらゆる職能について管理するということは不可能になり，したがってこれらのいろいろな職能のそれぞれに対し責任を負う**職能的管理者**が生まれたのです．

企業の成長はさらに経営職能の分割を必要とし，たとえば生産については工程，品質，運搬，在庫などの管理においてそれぞれ管理者を必要とするようになり，販売については商品あるいは商品群別に，あるいは地域別に管理者が現われるようになりました．このようにして企業内には管理者の複雑なグループが出現したのです．

経営職能の細分化がすすんできますと，それらの職能部門の働きを統合する経営者の仕事はしだいにむずかしいものになってゆきます．各職能部門はそれぞれ独自の目的をもつようになり，しかもそれがお互いに整合的でない場合が生じてきます．いろいろな職能部門の間にたえず繰り拡げられる利害の衝突を前にして，企業全体の目的の実現のために，それら諸部門の活動を調整し統合するという経営者の仕事は，組織が大きくなればなるほど複雑なものになります．

【各部門の対立と経営全体の目的】

職能部門での利害の対立の例として，製造会社における**在庫政策**について考えてみることにしましょう．関係する各部門はそれぞれ異なった目的ないし行動基準をもっているために，在庫政策の在り方については違った考え方をもつでしょう．たとえば，製造部は製造費用をできるだけ低くしようとして，安定した大量生産を望むでしょう．そのためには製品種類はできるだけ少なく，**生産ロット**はできるだけ大きくすることにより，大量生産の効率を保ち，また段取り費を節約しようと望むでしょう．その結果，比較的少数の製品で大量の在庫をもつことを希望します．

営業部は顧客のどんな需要にもすぐ応じられることを望みますから，やはり大量の在庫をもつことを要求します．しかも顧客の獲得維持のためには，モデル，サイズ，色などについてさまざまな関連製品の在庫を要求するでしょう．したがって製造部と営業部との間では，在庫の多いことを要求する点では一致しますが，製品種類の数について基本的な利害の不一致が生まれてきます．

また経理（財務）部にとっては，在庫は忌むべき言葉です．一般に経理部は在庫を資金捻出のための好財源と考えており，資金節約のために在庫はできるだけ少なくしようと主張して営業部と衝突し，需要に見合った弾力的な生産を要求して製造部と対立するかもしれません．

人事部は安定した雇用および労働の状態を確保しようとして，需要が低調のときには在庫蓄積のための生産を望むでしょう．これは不況時に在庫生産を望むことになり，当然，経理部門と対立することになります．

このようにいろいろと食い違った要求を前にして，どれか特定の部門にとってではなく，経営全体にとって最善の在庫政策を見出すこと，これがこれらの諸部門の活動を統合する経営者の責任です．在庫政策の評価は，経営全体としての目的に対するその効果によって決められなければなりません．

このような問題の特色は，それが，⑴組織全体にとっての有効性の問題を含んでいること，および⑵組織の構成単位間の利害の対立を含んでいることにあります．組織全体としての最良の政策を**最適な**（optimum）**政策**といい，これに対して組織の一部分の機能の目的に関して最良の政策を**部分最適な**（sub-optimum）**政策**といいますが，この言葉を用いれば，経営者の役割は最適な政策決定を行なうことにあります．

しかしながら，このような性質の問題は，最高経営者にかぎらず，企業のあらゆるレベルの管理者のところで起こってきます．たとえば，1つの工場の管理者（工場長）は，工場のいろいろな部門の活動，すなわち調達，生産，品質管理，設備保全などの活動を統合し調整しなければなりません．営業部の管理者（営業部長）は，各製品または地域別部門，広告などの活動の間で最適な決定をしなければなりません．あらゆる管理者は，自分が管理する組織について，その構成単位間の対立の可能性を含む問題を処理しなければならないのです．

【企業経営の高度化と科学化】

管理者に要求されるこのような最適決定についての能力は，高度に発展した現代の企業にとってはきわめてむずかしいものになってきています．第1次産業革命による変化は，今日の変化に比べればずっとゆるやかなものであり，産業の発達はゆっくりと連続的であったため，経営者は新しい問題の処理について，自分の判断と過去の経験に基づく試行錯誤に頼ることが可能でした．

しかし今日の産業の成長と複雑化の速度は，そのようなことを不可能にしつつあります．飛行機がプロペラ機からジェット機に発展するにしたがって，カンによる操縦から計器に頼る度合が高まったのと全く同じように，企業経営はしだいにその科学と科学者を要求するようになったのです．

しかしながら，科学者たちはなかなか企業という実際界の中にはいってこようとはしませんでした．その社会的な地位を守るために，自分たちの研究の「純粋さ」を保ち，実際界の問題，特にいかなる意味においても利益の動機を含んだものに巻き込まれまいとする態度を固守しようとした科学者たちが，重い腰をあげて本格的に産業界に進出するようになるためには，何らかのきっかけが必要でした．そのきっかけを与えたのが第

2次世界大戦です．そして，イギリスおよびアメリカで，科学者が戦争目的のために動員された結果として発達したのがORなのです．

そこで私たちは，産業的背景から軍事的背景へと目を移さなければなりません．

2　ORとは何か——その歴史と基本的性格

§3　軍事のOR

【第1次大戦とOR——ランチェスター方程式】

ORは，第2次大戦中に異なった学問分野を背景にした多くの科学者や技術者たちが，軍事上の問題を解決することに従事した結果として，1つのはっきりした活動として認められるようになったものです．しかしながら，科学者や技術者が軍事上の問題にかかわりをもったのは，歴史の記録と同じくらい古くからあります．

古代の歴史でおそらく最も有名なのは，紀元前4世紀にシラキウスの王ヒーロンが，ローマ人に攻められて市を包囲されたとき，海の包囲網を突破する工夫をこらすためにアルキメデスを雇ったということでしょう．いうまでもなく，大砲や無線，潜水艦や軍用飛行機の発展をもたらした科学者や技術者は，戦争の性格に甚大な影響を与えました．しかしこれらの例は戦争の道具に関するものであって，戦争のやり方ないし作戦のプロセスに関するものではありません．ORの発祥は，科学者や技術者が作戦のプロセスに関係し始めたことにあるのです．

このようなORの発祥は，第1次大戦にさかのぼることができます．第1次大戦において，大西洋の両側，すなわちイギリスとアメリカでORの先駆的研究が現われました．有名なのはイギリスにおけるランチェスター（F. W. Lanchester）の試みです．彼は軍事作戦を数量的に研究しようとし，戦闘の結果を両軍の兵力（数）と火力の相対的大きさに関係させる方程式を導き出しました．これが有名な「**ランチェスター方程式**」で，ニュートン方程式が力，質量，運動の間の基本的関係を表わしているのと同じように，この方程式は戦闘の基本的関係を表わすものであると考えられました.

ランチェスター方程式の一例をあげると，戦闘における兵力の平均損失率は，敵の兵力の大きさと，交戦一回当たりの火力の有効性との積に比例するという関係があります.

いま，赤軍と青軍がそれぞれ100の兵力をもって戦う場合を考えてみましょう．兵力の単位は，歩兵でも戦車でも，あるいは飛行機でもかまいません．赤軍の兵力の各単位は0.04という「火力の有効性」をもっていると仮定します．これは，赤軍の各単位は1回の交戦当たり平均して敵の0.04単位を撃滅することができるということです．1回の交戦とは，1回の発砲と考えてもよいし，あるいはある一定の長さの時間の交戦と考えてもかまいません．同様に青軍の火力の有効性は0.03とします.

まず第1回の交戦では，赤軍は青軍に4（100×0.04=4）だけの損害を与えることができ，青軍は3（100×0.03=3）だけの損害を赤軍に与えることができます．第2回の交戦では，赤軍の残存兵力は97ですから，赤軍は青軍に3.88（97×0.04=3.88）の損害を与えます．一方，青軍の残存兵力は96ですから，青軍は赤軍に2.88（96×0.03=2.88）の損害を与えることになります．このようにして，いまどちらか一方が25%の兵力を失うまで戦闘が続くと仮定すると，戦闘のプロセスは表2·1および図2·1のようになります.

ここで興味深いことは，戦闘がすすむにつれて，1回の交戦当たり青軍の損害の赤軍の損害に対する割合が大きくなっていることです．すなわち，最初は4対3で青軍の損害が33%大であったものが，最後の第7回には3.35対2.33で，青軍の損害の方が44%も大となっています．これは同じ兵力で交戦するとき，砲火の有効性のすぐれている方が戦闘の途中で敵の損失によってさらに有利さを増大してゆき，その結果，戦闘の終結が加速度的にはやくなるということを示しています．これが

表 2·1 赤・青両軍の交戦の経過

交戦回数	赤軍		青軍	
	平均損害	平均残存兵力	平均損害	平均残存兵力
0	0	100	0	100
1	3	97	4	96
2	2.88	94.12	3.88	92.12
3	2.76	91.36	3.76	88.36
4	2.65	88.71	3.65	84.71
5	2.54	86.17	3.55	81.16
6	2.43	83.74	3.45	77.71
7	2.33	81.41	3.35	74.36

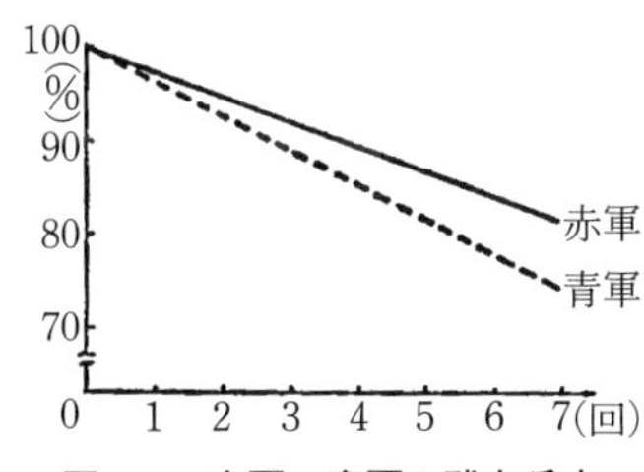

図 2·1 赤軍・青軍の残存兵力

ランチェスターの原理として知られているものです.

ランチェスターは，このような方程式のいろいろなかたちのものを実戦のデータにあてはめてみて，理論的な方程式が非常によくあてはまることを発見しました．表 2·1 に示された例の場合には，戦闘のプロセスは数学的には簡単な連立微分方程式で記述することができ，それを解くことによって戦闘の経過が計算できるのですが，これは軍事作戦の研究に数学的方法が役立つことを示しているものです.

ランチェスターがイギリスでこのような研究を行なっていたころ，海を越えた対岸のアメリカでは，エディスン（T. A. Edison）が対潜水艦作戦の研究を行なっていました．彼は潜水艦からの退避航行および潜水艦撃沈の作戦を統計に基づいて研究し，また海戦を模擬演習するためのゲームをつくりました．商船の潜水艦対策としてのジグザグ航行の利点を研究したのもエディスンです．

しかし，ランチェスターやエディスンのこのような研究は，第1次大戦においては軍事作戦に目立った影響は与えませんでした．軍の OR が実効を発揮しだすためには，第2次大戦まで待たねばならなかったのです．

【第2次大戦と OR】

第2次大戦には，イギリスはアメリカより2年もはやく参戦していましたから，OR が最初に軍で実行されたのがイギリスであったのは自然なことでした．

戦争の初期に，イギリス空軍戦闘機司令部は，敵機の空襲に対する警戒のための新しいシステムとして，当時開発されつつあったレーダー・システムの確立に努力していました．当時の警戒網は，主として熟練した監視員による地上からの監視に頼っていましたが，問題はこの古いシステムに新しいレーダーという用具をどのように組み入れるかということでした．そしてこの問題の研究のために科学者が動員されることになりましたが，研究に当たった科学者たちは，問題を単にレーダーの技術的効率の面からだけでなく，情報伝達システム全体の効率という観点から検討しました．いいかえると，レーダー装置の操作者の立場からだけでなく，レーダー網全体に関係する作戦決定者の観点をも含めて研究したのです．

この研究は，対空警戒網の効率を高めるのにきわめて大きな成果をおさめ，そのために開戦後2年の間にイギリス陸海空3軍とも，正式な OR グループをもつに至りました．その中でも最も有名なのはノーベル物理学賞受賞者ブラケット（P. M. S. Blackett）教授を指導者とする海軍の OR グループです．

これに対してアメリカの軍では1942年に空軍が，イギリス空軍の指導のもとに多くの空軍司令部に**作戦分析**（Operations Analysis）班を設けました．その最初のものはイギリス駐留の第 8 爆撃司令部です．ほとんど時を同じくしてアメリカ海軍では，火薬製造所と第 10 艦隊に OR チームをつくりました．これらのチームの研究の主要テーマは，それぞれ水雷作戦と対潜水艦作戦でした．アメリカ陸軍は海空軍ほど OR を利用しませんでしたが，それでも終戦までには太平洋戦域における陸戦を分析評価するためのグループができ上がっていました．

このような OR 活動を，軍の指導者たちは非常に価値のあるものと考えましたから，軍の OR は戦後も打ち切られることなく今日に至っています．特に，アメリカ空軍の**ランド・プロジェクト**と，その実行機関である**ランド・コーポレーション**（The Rand Corporation）は有名です．

【OR の例——潜水艦に対する水雷爆撃の OR】

ここで第 2 次大戦中に効果をおさめた OR の 1 例を紹介しておきましょう．

第 2 次大戦中，ドイツ軍はフランスを手に入れてから，大西洋を渡ってイギリスにくる連合軍の輸送船団に潜水艦攻撃を盛んに行ないました．潜水艦はビスケー湾岸* の港から出撃し，戦場まで海面上を航行するのが普通でした．一方，イギリスの沿岸警備司令部は，航空機部隊を繰り出して潜水艦攻撃を行ないました．この航空機部隊の任務は，潜水艦を発見して水雷を投下することであり，これに対して潜水艦は飛行機を発見したり，あるいはその爆音を聞きつけると急いで海中に潜るのでした．

ところで，飛行機が投下する水雷は，その物理的爆発効果が最大になるような深度で爆発するようにあらかじめセットされていました．水雷はあまり浅いところで爆発させると，そのエ

*　フランス西部とスペイン北部との間の大西洋に面する大湾です．

ネルギーの一部分が水を空中にはね上げるのに使われて効果が弱められ，また逆にあまり深いところで爆発させたのでは強い水圧のためにやはり効果が落ちます．つまり，中間に有効半径が最大になるような最適深度があるのです．これは100フィートでした（図2·2を参照）．

しかし，不幸にして潜水艦の撃沈率はきわめて低く，この作戦は不成功でした．そこで沿岸警備司令部のORチームが，この撃沈率を高めるにはどうしたらよいかという問題に取り組むことになりました．明らかに，撃沈率は航空機の数をふやしたり，あるいはもっと強力な水雷を開発するというような技術的要素によって改善できたでしょう．しかしこのORチームの任務は，そのような解決策を考えることではなく，現在の航空機部隊および水雷でより大きな効果をあげることにありました．

このような問題にどこから手をつけていったらよいでしょうか．ORチームはまず航空機に乗って飛び，事情を観察しました．次いでパイロットの飛行日誌を分析し，作戦全体の模様を描きました．そしてこれらの結果から撃沈に成功した場合と失敗した場合とを比べて，作戦上のどのような点に特徴的な相違があるかをみようとしたのです．分析は航空機の高度，進路，スピード，発見されたときの潜水艦の位置，進路，スピードな

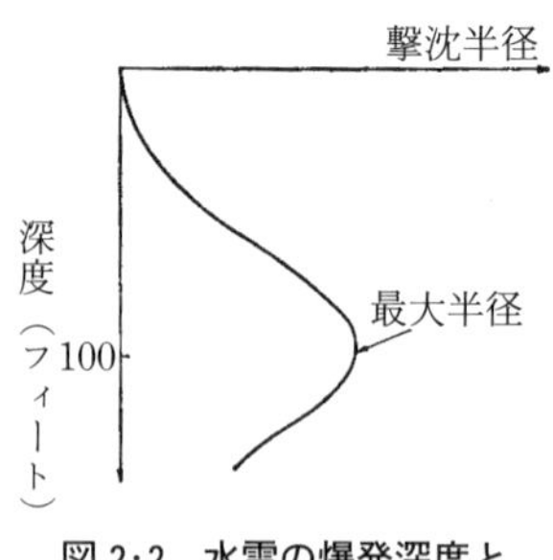

図2·2　水雷の爆発深度と撃沈半径

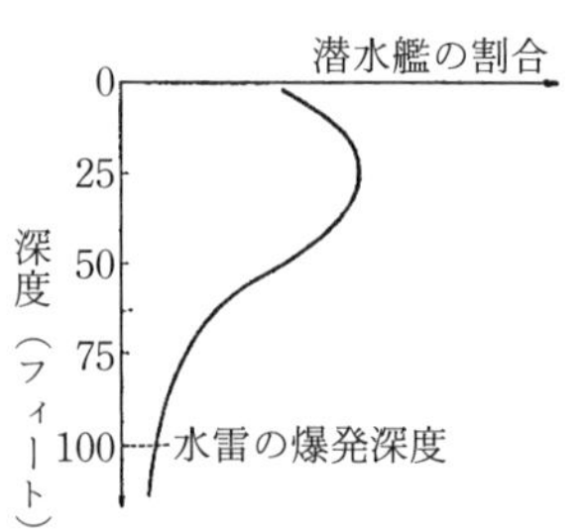

図2·3　水雷爆発時の潜水艦の深度

どについて行なわれました．けれどもそのどれもが成功しませんでした．

しかし最後に誰かが次のような簡単な疑問を提出しました．「水雷が爆発するとき，潜水艦はいったいどこにいるであろうか.」そこで，その観点から飛行日誌が再検討されました．データを分析した結果によると，図2·3に示したように，ほとんどすべての場合，水雷が爆発したときに潜水艦はまだ海面ないしは海面から50フィート以内におり，100フィートもの深度に達しているものはほとんどないということが推定されました．また，図2·4に示したように，潜水艦の位置は深度が増すにつれて広範囲に拡がるということも注目されました．

以上のような要因を総合した結果，水雷の爆発深度と潜水艦の撃沈確率との関係は図2·5のようになると推定されたのです．この結果から導かれる結論は明白です．ORチームはただちに，セットする爆発深度を100フィートから大幅に下げるよう勧告しました．

しかし，この勧告ははじめいろいろな理由から反対されました．そして議論はだんだん軍の上層部にまでもち上げられ，ついに閣議にまでもち出されたといわれています．そこで新旧2とおりの深度で1週間ずつ実験することになり，新しい深度は

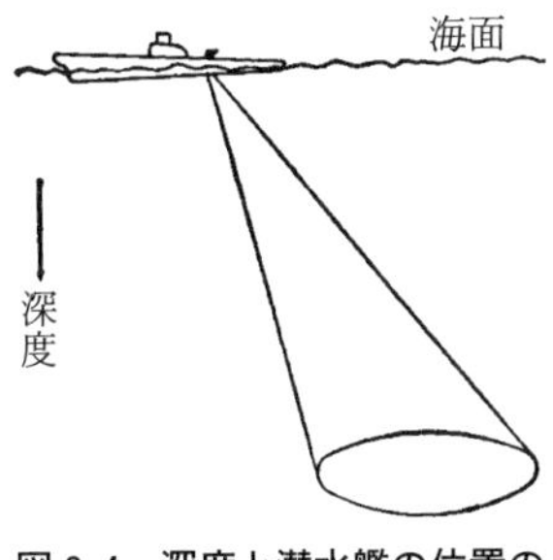

図2·4　深度と潜水艦の位置の拡がり

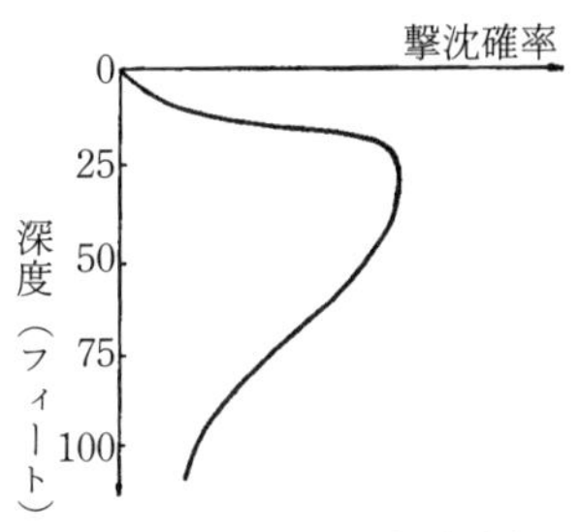

図2·5　爆発深度と撃沈確率

30 フィートと決められました．実験の結果は，もとのとおりの 100 フィートで実験した第 1 週の撃沈 1 隻に対し，新しく 30 フィートで実験した第 2 週には撃沈 2 隻で新しい方に軍配があがりました．そこで引き続いて新しい深度での実験が行なわれましたが，これが長期的に非常に大きな成果をあげ，そのためにドイツのラジオ放送がイギリス軍は対潜水艦戦に新しい秘密兵器を開発したと伝えたほどでした．

さて以上の例は，私たちに OR による問題へのアプローチの基本的な要素をきわめてはっきりと示してくれます．研究の目的が与えられますと，OR は次のような段階を経て進行します．

(1)　作戦（操業）を観察し，その技術的・経済的その他の諸条件を理解する．

(2)　基礎的・数量的データを集める．

(3)　データを整理・分析する．

(4)　仮説を誘導する．

(5)　作戦（操業）の変更について決定する．

(6)　変更の結果を数量的に予測する．

(7)　決定を注意深く実施し，仮説の正当性をチェックする．

【問題解決の態度としての OR】

さてランチェスターの方程式や潜水艦攻撃の OR は，それぞれ 1 つの教科書的な例でした．しかしながら，ランチェスター方程式のように数学的方程式を使ったり，あるいはデータの統計的分析によって問題を解くというようなことだけが OR ではありません．OR は，問題を解く方法であるというよりは，むしろ心構えとか態度です．これについては次のようなエピソードが知られています．

1944 年，太平洋のある小島にあったアメリカ空軍の爆撃中隊の基地での出来事です．ことは海軍との間のいざこざで，空軍の飛行機が味方の軍艦の近くを飛ぶとき，ときどき砲火を浴びるということでした．このようなことは戦時にはよくありがちなことで，普通ならば見過ごされてしまうところであったでしょうが，たまたまこの基地では同じ太平洋海域の他の基地に比べてかなりこの種の事件が多く発生していました．

ワシントンとの間の何回かのやりとりの後，結局，問題は飛行機に装備されている IFF という機械の信頼性にありそうだということになりました．IFF とは“Interrogate—Friend or Foe”の略，すなわち「味方か敵かを尋問する」機械であって，特殊なラジオ受信機と送信機を組み合わせたものでした．海軍の軍艦が飛行機を発見したときには，船は特殊なラジオ信号を発信します．もしその飛行機が IFF を装備していれば，別の暗号による信号が発信した艦に返ってきます．それが友軍機であるという信号であり，したがって艦は発砲しないということになります．

しかし，どういう理由かわかりませんが，問題の飛行中隊の場合，IFF が正確に働かないということが頻発したのです．ワシントン側では装備の保守を強化し，またしきりに叱咤激励しましたが，一向に事態は改善されませんでした．そこでついに OR の専門家を1人島に送り込んで，事態を詳しく分析し，問題の原因をつきとめ，そしてできればそれを取り除こうということになったのです．

ところで，この OR の専門家が島に着いて約2週間目から，この基地の飛行機と海軍の軍艦との衝突は見る見るうちに減ってしまい，その後はくる週もくる週も事実上ゼロになってしまいました．そしてついに問題は完全に解決されたことが明らかになったので，その OR 専門家には帰国命令が出ました．

彼がワシントンに着くと，いうまでもなく同僚から暖かく迎えられ祝福を受けました．同僚たちは，こんな短い間にこんな素晴らしい成果をあげることができたのは，どんな分析の離れ業をやってのけたのか，どんな高等数学を用いたのか，あるいはどんなエレクトロニクスの知識を借りたのかとしきりに知りたがったことも当然です.

帰国した英雄は答えました.「向こうに着いてから1週間は,問題についていろいろと聞きただしたり,装置の電子回路を調べてみたり,統計的計算をやったりしていたが,最後に私はこれが問題だと思うことを発見した.その問題を解決するために,私は飛行機が飛び立つたびに1人の人員を滑走路の端に配置し,ペンキで大きく書いたサインを飛行機に見えるように持ち上げさせることにした.そのサインは,“IFF のスイッチを入れよ”と大書したものであった.それからというものは御承知のような結果だ.」

この物語を引きあいに出したのは,OR は単に数学的手法の集まりではなく,むしろ問題にアプローチする1つの態度であることを理解していただくためです.数学的手法を主とする科学的方法の利用は,その態度の1つの重要な特徴であることに間違いはありませんが,それがすべてではありません.この点については,OR の性格を説明する次節でもっと明瞭になるでしょう.

このエピソードにおけるように,問題は必ずしも定型的な OR の手法によってのみ解かれるわけではありません.いうまでもなく,そのような定型的な OR の手法についての体系的知識をもつことは必要なことです.しかし重要なのは問題の性質を的確につかむことであり,その解決のために手法のとりこにならないことです.IFF の問題を解いた英雄は OR の高度の方法を身につけ,問題がそのような方法を必要とするものであったとすれば,しかるべき方法で問題を処理することもできたでしょう.しかし,問題はおそらく簡単な算術すらもあまり必要としないものであったでしょうし,彼のとらわれざる態度が問題の解決を可能にしたと考えられます.

【OR の平和的利用】

これまでに説明してきましたように，OR は最初にイギリスで発生し，やがてアメリカの軍にも波及して，その後はアメリカの方が非常に盛んになりました．アメリカではたくさんの科学者，あるいは科学者とまではいかなくても大学卒業生を動員しました．いやしくも大学教育を受けたものであるかぎりは，大学時代にどんな分野のことを勉強したかということとは関係なく，そういう科学的なものの見方によって問題に取り組むことができるはずであると考えられたからです．日本の場合には，文科系の大学卒業者あるいは大学生は単純な兵力として動員されたわけですが，アメリカの場合は，そういう研究のためにたくさんの人が動員されました．

それらの人たちが戦後，そういう仕事から解放されて民間に戻ったわけですが，彼らがたとえば企業のようなところで働くようになると，企業の中での問題というのも，実は軍事作戦の問題と本質的に同じようなものがたくさんあるということに気づきだしたわけです．軍用飛行機のオペレーションをコントロールするためのレーダー・システムが，民間航空機をコントロールするものと事実上同じであるように，ある特定の軍事作戦の科学的分析が，たとえば企業内の生産管理における１つの問題の分析と同じ性質のものであるというようなことがしばしばあります．OR の方法は，戦争の問題だけでなく，平和的な問題の研究にも役立ちます．

このようにして OR は，「企業における OR」として，あるいは「政府における OR」として，その「平和的利用」に向かって歩み始めました．そしてそれは，やはり今次大戦の落とし子である原子力の平和的利用にも比較しうるほど大きな社会的影響を与えつつあるのです．

ここで１つ余談になりますが，第８章で説明する決定理論に非常に関係のあるハーバードのビジネス・スクールのシュレーファー（R. Schlaifer）教授は，もとは全く数学などとは縁のないギリシャの古代の歴史をやっていたのですが，戦争中やはり OR 的な仕事に動員されました．それがきっかけとなって転向し，現在ではアメリカの統計学の１つの大きな潮流になっているベイジアンの決定理論という考え方の元祖のようになってしまいました．

このように，大学時代の専門とは関係なしにいろいろな分野からたくさんの人が動員されたことは，これから説明する OR の１つの特徴にもなっています．

§4　OR の特徴

【3 つのアプローチ】

以上で私たちは，産業の高度の発達に伴う企業の成長が，カンや経験に基づく経営者の判断だけでなく，科学者の助けをも必要とするような複雑な問題を企業内に発生させたこと，第２次大戦中に軍事問題の解決のために動員された科学者たちの発展させた OR の「平和的利用」の可能性が，「産業界への科学者の侵入」のきっかけをつくったことを説明してきました．その過程で，OR が企業におけるどのような性格の問題について経営者，管理者を助けるべく期待されているか，OR が問題解決にどのようなアプローチの仕方をするかがある程度明らかになったでしょう．

しかし，ここであらためて OR の本質的な特徴を整理して述べてみましょう．それは次の３つに要約することができます．

(1)　システムズ・アプローチ（systems approach）——組織全体の立場からのアプローチ

(2)　インターディシプリナリ・アプローチ（interdisciplinary approach）——多くの学問分野の共同によるアプローチ

(3)　科学的アプローチ——科学的方法によるアプローチ

そこで次に，これらのそれぞれについて考えてみることにしましょう．

【システムズ・アプローチ】

私たちは先に，在庫政策を例にとって，組織を構成する職能部門間の対立を含んだ問題を，組織全体の目的にとって最適な決定を求めることによって解決するという考え方を説明しました．このような問題への接近の立場は**システムズ・アプローチ**と呼ばれ，ORの基本的な性格とされています．

ところで，ここでは**システム**という言葉が問題になります．システムについてはいろいろな定義がありますが，基本的には次の3つの条件があると思います．第1はそれぞれ異なった機能をもついろいろな構成要素の集まりであること，第2はそういうような構成要素が全体として，ある共通の目的をもっていること，第3に構成要素の間に有機的な関係（相互依存関係）があるということ，の3つです．

ここで有機的な関係とは，個々の構成要素の働きの有効性が他の構成要素の働きに依存する，ということです．したがってシステムというのは，全体としてある共通の目的を志向する異なった構成要素の集まり，有機的な結合体であるということができます．全体の目的のために個々の構成要素が果たす機能の有効性が，他の構成要素の働きに依存する，そういうものがシステムです．

たとえば，企業というものを考えた場合，これは1つのシステムです．異なったいろいろな構成要素——製造部門，経理部門，人事部門などいろいろな構成要素からなっています．それらが，全体として何らかの共通の目標——たとえば利潤の追求といった目標をもっています．それから，1つの部門の働きの有効性は，他の部門の働きの有効性に依存します．たとえば，生産部門の働きの有効性は，それだけで決まるのではなくて，営業部門の働きがよくなければ，生産部門だけがいくらよくてもだめです．逆に営業部門だけがいくらよくても，生産部門の働きがよくなければだめだという具合に，それぞれの部門の働きの有効性は他の部門の働きに依存します．したがって企業は1つのシステムであると考えられるわけです．

以上のように，一般にシステムとは，構成要素間の相互関係を含めたかたちでとらえられた1つの全体を意味し，私たちが何らかの研究対象を認識し把握する場合の仕方でもあります．この考え方は，組織のどんな部分の活動も他のすべての部分の活動に何らかの影響を与えるという見方をとるものであり，したがって組織を1つのシステムとしてとらえるということは，組織全体としての働きを評価するためには，その構成要素間の重要な相互作用をすべて明らかにし，それらの全体が組み合わされた影響を考えなければならないとする立場を意味します．

このようなシステムズ・アプローチの重要性は，具体的な例をあげればよく理解できるでしょう.*

ここに例としてとりあげる会社は，同じ1種類の原料を生産する5つの原料工場と，その原料を用いていろいろな製品を製造する15の製造工場とをもったアメリカの会社です．いくつかの製造工場の間では，製品にかなり共通のものがあります．

この会社は，5つの原料工場から15の製造工場に原料を輸送するのに毎年数百万ドルを費しており，経営者はどうすればこの輸送費を最も少なくすることができるかをORの課題としました．はじめは，問題はORの標準的な問題であり，標準的な方法で簡単に解けるように思われました．

そこで研究者たちが，各原料工場の生産量と各製造工場の原料必要量についての情報を集め始めたところ，外部からの購入原料を加えても，原料総供給が製造工場の多くを能力いっぱい操業させることができないことに気がついたのです．そこで彼

* 以下の2例はR. L. Ackoff and P. Rivett: *A Manager's Guide to Operations Research*. 1963（池浦孝雄訳『ORガイド』日科技連出版社）によります．

らは，各工場の製造費用が稼働率によって大きな影響を受けているのではないかということに疑問をもち，その関係を調べてみるとまさにそのとおりであり，しかも稼働率と製造費用との関係は工場によってさまざまであることがわかりました.

そうなると，最初の問題の定式化では不十分であり，原料の輸送には輸送費を考慮するだけでなく，輸送計画から生じる各工場の遊休能力が製造費用に与える影響をも考慮に入れなければならないであろうという結論に達しました．そして分析の結果わかったことは，輸送計画の立て方によって，輸送費用よりも製造費用の方にはるかに大きな節約の可能性があり，製造費用への影響を考慮しないで輸送計画をつくっても，それによる輸送費の削減はそれより大きな製造費用の増加によって帳消しにされてしまうであろうということでした.

そこで，製造費用と輸送費用の和をできるだけ小さくするための方法が開発され，実施されたのです．しかもその研究のうちに，遊休能力の製造費用に対する影響は生産計画の立て方によって決まることも明らかにされました．そして生産計画の立て方のうち最も製造費用に大きな影響を与えるのは仕掛品在庫であることがわかり，在庫政策についての研究も同時に行なわれることになりました．その結果，最初に用いられた遊休能力と製造費用との関係も改められ，そのうえで生産および輸送計画が立てられることになったのです.

この実例で私たちは，部分についての最適化が必ずしも全体的な最適化に一致しないこと，そしてそのような部分のつながりを考えたシステムズ・アプローチが重要であることを知ることができます．しかし，ただシステムズ・アプローチといっても，実際はこの例に見られるように，研究が論理的・系統的にしだいに拡張されていって到達できるものであって，はじめからあらゆる部分を考慮に入れることはきわめて困難です．最初は単純で独立した問題のように思えたものが，他のいろいろな問題と相互にからみ合っていることが明らかになり，問題が拡がるにつれて，部分に対する解は相互に関係づけられて，全体としての最適な解に近づけられてゆくのです．

【インターディシプリナリ・アプローチ】

これはいろいろな学問の共同によるアプローチで，学際的接近とでも訳すことができるでしょう．これは前に説明した歴史的な背景もあって，問題の解決に対してあらゆる学問の力を総動員しようというわけです．われわれは何らかの問題を解決しようとしているわけで，その問題というのはどの学問の方法で解かなければならないということがあらかじめ決まっているものでなくて，どういう学問の方法であっても，問題を解くことができればそれを使うというのが問題を解決するための基本的な立場です．したがっていろいろな学問分野の人が共同して問題解決に当たる，したがって別の言葉では，**インターディシプリナリ・チーム・アプローチ**（interdisciplinary team approach）——いろいろな学問の共同チームによる問題への接近ともいいます．いろいろな学問を背景にした人たちのチームで問題の解決に当たることによって，解決法がたくさん集まります．いいかえると，方法のプールが非常に大きくなります．したがって問題が解決されるチャンスも非常に大きくなってきます．これが OR の第 2 番目の特徴的な考え方です．

ところでこのような混成チームは，OR の発達の初期である戦時における科学者の不足という事情から生じたものです．軍の OR グループは，どのような分野の科学者でも選択するゆとりがなく，すべて受け入れることによって構成されました．

混成チームは，このようにどちらかといえば偶然的な歴史的事情により発生したものではありますが，それ自身価値のあることが認識されるようになりました．OR チームのメンバーは，新しい型の問題に直面したとき，問題の本質を抽象して特に自分の専門分野で同じような構造の問題に逢着したことがあったかどうかを考えます．もしあったとすれば，そのとき用いられた解決方法が当面の問題にも適用できるかどうかを検討するでしょう．このような努力から，思いがけない問題処理の方法がもたらされることになるかもしれません．異なった分野からの人たちが集団でこのようなことを試みるとすれば，問題に対するアプローチの仕方のプールは増大します．

このようなチームによるアプローチは，前世紀以来著しい分化の傾向をたどってきた科学の歴史を振り返ることによってよく理解できるでしょう．1700年ごろまでは，1人の人が今日科学と呼ばれるものについて知るべきことはすべて知ることができたと思われます．ところが18世紀になって自然の研究が目覚ましく発展し，1人の人が伝統的な哲学と新しい自然研究の両方の専門家であることは，もはや不可能となりました．その結果，哲学から自然哲学が区別されるようになり，19世紀にはいると自然哲学は自然科学と呼ばれるようになりました．今日多くの分野に残っている博士号のPh. D（哲学博士）は過去のなごりです．

19世紀の後半には，はじめ自然科学がさらに物理学と化学に分割され，続いて進化論の発達から生物学が独立性をもつようになりました．さらに19世紀末には心理学が生まれつつありました．他方，工学の諸部門もこれと並行して次々に形成され，また今世紀にはいって大きく発達し分化した社会科学も，19世紀後半からしだいにそのかたちを整えてきたのです．

しかしながら，このような科学の分化した各部門に対応して，自然や社会の諸現象もきっちりと分けられているわけではありません．どんな単純な現象も，多くの場合いくつかの学問分野からの説明が可能なものです．たとえば1人の人間の行動は，物理学的に説明することも可能であるし，また生理学的に説明することも可能でしょう．あるいは心理学的，さらには社会学的な説明もできるでしょう．

企業における問題の場合のように，組織された人間および機械の複雑なシステムになると，問題を見る視角としてますます多くの可能性を生じ，いろいろな学問的アプローチのうちどれが，またはどのような組み合わせが最もよいかがますますはっきりしなくなります．このような場合に，特にチームによるアプローチがその価値を発揮することになります．

複雑なシステムの研究において，問題を見る視角と分析方法の豊富さがいかに貴重かを示す次のような例があります．

ある大きな石油会社が，毎年新しくつくってゆくガソリン・スタンドの多くは，あまり利益があがらないことに苦慮していました．問題解決のための1つの手がかりとするため，会社は心理学者のグループに，ガソリン・スタンドのお客についての標本調査により，**モチベーション・リサーチ**（motivation research；動機調査）を行なうことを依頼しました．かなりの時間とお金をかけて調査報告書ができあがりましたが，その中には会社がもっと利益のあがるようなスタンドをつくるためにはどうしたらよいかということについて，実現できるような手順は何ら与えられていませんでした．

そこで会社は，同じ問題についての援助をあるORグループに求めました．そして物理学，経済学，化学工学をそれぞれ専攻した3人がチームとなってこの問題に取り組むことになりました．

前述の心理学者たちの研究の結果，会社ではガソリン・スタンドの売り上げを決定するものとして35の要因を確認しており，売り上げ予測のための方程式には，それらがすべて変数として含められていました．ORチームの物理学者は，そんなにたくさんの変数を取り扱うことに反対し，最初はただ1つだけの変数を選ぶことを提案しました．その結果選択されたのは常識的な交通量でしたが，それを用いる方法は以前には試みられたことのないようなものでした．

自動車が普通の交叉点を通過するには16とおりのルート（引き返しも入れて4つの入り口掛ける4つの出口）が考えられますが，彼らはガソリン・スタンドのサンプルをとり，スタンドごとに各ルートを通る車の数と，そのうちスタンドに立ち寄る車の割合を測定しました．その結果，理由は必ずしも明白ではないが，どのスタンドについても売り上げのほとんど大部分は16のうち同じ4つのルートを通る車によるものであることが明らかになりました．しかも先の35の変数を用いるよりも売り上げをよく予測できることがわかったのです．

しかし，交叉点を通り抜けるルートのうち，あるものが他のものよりなぜ水揚げが多いのかがわからないため，ORマンたちは満足せず，さらに研究を続けました．その理由は主として便利さにあると考えるのが合理的なように思われましたが，その便利さを何で測定するかが問題になりました．1つの明らかな方法として，車がスタンドに立ち寄るとすれば平均してどれぐらい余分に時間がかかるかを各ルートについて測定することが考えられました．そこで多数の交叉点でその時間を測定したところ，各ルートについての平均所要時間とスタンドに立ち寄る車の割合との間には，きれいな相関関係があることがわかりました．

そこでORチームは，お客がガソリン・スタンドを選択する際の最も重要な決定要素は，彼らが給油のために立ち寄ることによって失うと考える時間の大きさであるという考え方を定式化しました．そしてその後の研究により，この考え方の正しいことが示されたので，スタンドの位置の選定や設計にそれが用いられるようになったのです．

この事例で最終的に明らかにされた基本的な要因である予想空費時間は，その特性においては心理学的なものであり，しかもそれが心理学者でない人たちが目に見える行動を研究することによって発見したということは注意すべきことです．

一般に，複雑なシステムの研究においては，いろいろと可能なものの見方，いろいろな科学的方法のうちのどれが最も有効であるかを前もって予知できないのが普通です．したがって，問題とその状況とに最もよく適合した考え方および方法，あるいはそのいくつかのものの組み合わせを選択できることが重要です．

このようなことは，1人の頭脳ではまず困難であり，いろいろな学問分野を背景とする人たちのチームの頭脳によってはじめて可能となるでしょう．しかもチームの人たちは，それぞれ自分の専門以外の学問分野における研究方法についても，それを尊重し，その利用可能性についてたえず注意を怠らないという態度をもっていなければなりません．これがORの第2の特徴であるチーム・アプローチです．

【科学的アプローチ】

《モデルによる問題解決》 ORの第3の特徴は科学的アプローチです．これについては詳しく説明する必要があります．その中心はモデルという考え方です．

ORによって私たちが解こうとしているのは現実の問題です．現実の問題を解くのにはどうすればよいかという場合，1つのやり方は実際にいろいろな解決方法をためしてみて，最も結果がよかったものを選ぶということです．これは現実をそのまま操作して答を出すことを意味します．ところが，現実を操作するということは，多くの場合に不可能であったり，あるいは費用が非常にかかります．そういうわけで，現実というのは一般に操作性が非常に低いのです．いいかえると，現実を操作して答を出すことは非常にむずかしいということです．

そこで，どういうことをやるかというと，現実そのものを動かさないで，現実をある程度抽象化し，問題に関係のある本質的なものだけを抜き出して，現実に似たものをつくるのです．それを**モデル**（model）といいます．そして現実を操作する代

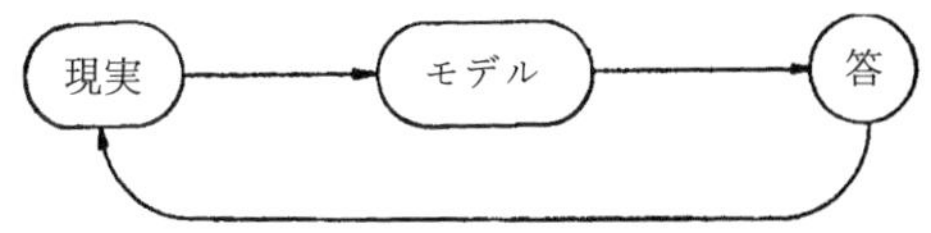

図2·6　モデルによる問題解決

わりにそのモデルを操作して答を出し，その答を現実に適用します．それがモデルによる問題解決の考え方で，図2·6がこのような考え方を示したものです．

現代の科学的方法の1つの大きな特徴は，このようなモデルの利用にあります．一般にモデルというのは，私たちが研究しようとしている問題を表現する1つの方法です．モデルは現実そのものではなくて，現実を抽象化したものです．その代わり現実を操作するよりも操作が簡単です．あるいは操作の費用がかかりません．いいかえると操作性が現実よりもずっと高いこと，これがモデルの特徴であり利点です．私たちは研究しようとしている実際の対象を動かすことなく，そのモデル化されたものを操作することによって，実際の対象の動きを予測したり，私たちが望ましいと思う方向に対象を動かすにはどうしたらよいかを研究することができます．

そこで，モデルについて問題になるのは，1つは**モデルの操作性**――モデルから答を出すということがどれぐらい簡単かということと，あと1つは**モデルの現実性**――モデルがどのぐらい現実をよく反映しているかということです．ところがこのモデルの現実性と操作性とは，本質的にいって相反するものです．相反するということは，現実性を高めようとすれば操作性は低くなる，逆に操作性を高めようとすれば現実性は低くなる，そういう性質のことです．そこで，現実性と操作性との間でうまくバランスをとって，現実性もあり，適度に操作性もあるようなモデルをつくって，それから答を出すということが最も重要な問題になってきます．それは非常に重要なことであって，しかもかなりむずかしいことでもあるわけですが，そういうことがうまくできれば，モデルから答を出して，それを現実に適用するという考え方が，非常に有効であるわけです．

１つの例をとってみますと，たとえばこれからある具体的な候補地に駐車場を設計するという問題を考えた場合，現実を操作するということはどういうことかというと，現実にその駐車場の候補地を使って，実際の自動車を使って，そして本当の運転手を使って，その運転手に実際に車をいろいろ動かしてもらって，たとえばどこに通路をつくったらよいか，どこに入口をつくったらよいか，どこに出口をつくったらよいか，というようなことをやるのが現実を操作するということです．そしていろいろとためしてみた結果によって駐車場の設計を決定するというのが，現実を操作して駐車場をつくるということです．ところがそういうことをやると，自動車をたくさん集めなければならない，運転手もたくさん集めなければならない，動かすのにガソリンもたくさんいる，非常に時間もかかる，というわけで，決して実際的ではないということになるわけです．

そこで，その代わりにモデルで問題を解決するということはどういうことかというと，現実の駐車場の候補地を使わないで，たとえば机の上にある候補地の縮尺版を紙に書いて，その上で自動車のモデルとして，ミニチュア・カーのようなものを使ってやるということです．ミニチュア・カーをたくさん集めてきて，それを手でいろいろ配列し，動かしてみて，どういうふうに駐車場をつくったらよいかということを考える，これがモデルを操作するということです．

その場合に使われるミニチュア・カーなるものは，その中にはエンジンもないかもしれないし，車も動かないかもしれないし，ドアも開かないかもしれません．そういう意味では，それは現実そのものではないわけです．それは現実の抽象化されたものです．しかしそのようなことは駐車場を設計するという問題に関しては，何ら本質的な問題ではありません．ミニチュア・カーにエンジンがなくても，そのドアが開かなくとも，いま私たちが解こうとしている問題に関しては，本質的な問題ではないのです．したがってそういうものは捨象してしまってよいのです．そしてそれによって操作性は非常に高くなります．動かすのも非常に簡単で，ガソリンもかからない，運転手もいらない，時間もいらないというわけです．

ミニチュア・カーは実際の車ではないわけで，現実性は相当低くなっているわけです．しかしその現実性が低くなっているのは，問題を解くために決して本質的でないところで現実性を犠牲にしているのであり，その代わり操作性が非常に高くなっているのです．そこで，このモデルを使って答を出す方がずっとよいやり方であることは明らかでしょう．これはモデルによって問題を解決するという1つのごく単純な例であるわけです．こういうふうにして，モデルで問題を解決するということは，モデルに高い操作性をもたせるために問題に関係のあるところだけで現実性をもたせ，その他は捨象する，それによってモデルの操作性は高まることになり，現実に適用できるような答が発見できる，という1つの考え方です．

モデルのいま1つの例として，よくひきあいに出されるものに気体力学者によって風洞実験で用いられる飛行機のモデルがあります．この場合にも研究の主たる関心は気体力学的性質にありますから，モデルのかたちが最も重要な特性であり，そこでは他の特性，たとえば材質とか内部の構造とかは抽象されてしまってもよいのです．

《モデルの種類》 そこで次にモデルにはいったいどういう種類のものがあるかといいますと，大きく分けて3つあります．

第1は**画像モデル**と呼ばれるものです．これはいま述べたミニチュア・カーのようなもので，絵とか像などで現実を表現するものです．

第2のものは**相似モデル**と呼ばれるものです．これは現実の対象のもっている1組の性質を，それと類似の別の性質で表現するものです．1つの例は地図です．地図は，現実のもつ性質——山の高さとか海の深さとか，高い，低いという性質，深い，浅いという性質，それを別の性質，たとえば色という性質で置きかえて表現します．そのように，対象のもっているある性質を，別のものを使って相似せて表現したもの，それが相似モデルです．別の例をあげれば，寒暖計というのが1つの相似モデルであるわけです．これは気温の高い，低いを水銀柱の長さで表現するものです．

第3番目のものは**記号モデル**です．これは現実の対象のもっているいろいろな側面に記号を対応させて，それで現実のもっているいろいろな側面の間の関係を，記号の間の関係として表わします．典型的なものが数式——数学的な方程式です．

モデルには大きく分けて，このように3つの種類がありますが，一般に最も操作的であるのが記号モデル，次は相似モデルで，画像モデルがいちばん操作的ではありません．

現実性はどうかというと，これは必ずしも一概にはいえないわけですが，たとえば視覚的には最も現実的な画像モデルが本当に最も現実的かというと，必ずしもそうではありません．現実性というのは，われわれのもっている問題と関係させて決められるべきもので，たとえば駐車場の設計のような場合には，ミニチュア・カーという画像モデルが非常に現実的であるかもしれませんが，別の問題の場合にはミニチュア・カーは全く現実的ではないかもしれません．たとえばエンジンについて何かを研究しようとする場合，エンジンのついてないミニチュア・カーは全く現実的ではないわけです．つまり，モデルの現実性は，われわれがもっている問題との関連で決まるわけで，問題の本質的なところをいかによく表わしているかによるのです．

このように考えますと，記号モデルが最も弾力性があり，いちばん現実的なものになりうる可能性をもっています．したがって記号モデルは，現実的であり，かつ操作的であるモデルというものを考える場合に，最もすぐれた特徴をもっているといえるのです．私たちがこれから考えようとするモデルも，もっぱら記号モデルが中心になります．そこでこれから記号モデルにかぎって話をすすめることにします．

《モデルの構造》　それでは，モデルの一般的な構造はどのようなものであるかということを，次に考えてみたいと思います．私たちは何らかの問題を解決したい，問題に対してどうしたらよいかということを決定したいと考えますが，その意味で，私たちがどうすべきかを決定するためのモデルを**決定モデル**といいます．この決定モデルについてこれから考えてみましょう．

抽象化されたモデルであっても，いやしくも現実の問題を解決しようとするものであるかぎり，かなり複雑なものになるでしょう．しかしその複雑さの根底にあるのは，次のような比較的単純な論理構造です．

決定モデルについては，3つの基本的な**変数**，あるいは要素を考えることができます．いまこの3つの基本的な要素をX, Y, Zで表わすことにします．まずXを**決定変数**と呼びます．これは，私たちがその値を決定することのできる変数，いいかえると，われわれがそれを動かすことのできる変数，コントロールすることのできる変数です．その次にYは，いまかりに**環境変数**といっておきます．これは，私たちが動かすことのできない変数，私たちが環境——与えられたものとして考えなければいけないものです．いいかえると，私たちがコントロールすることのできない要素を表わすものがYです．それから最後にZ，これをいま**評価変数**ということにします．この評価変数は，私たちの決定がどれぐらいよいか，どれぐらい悪いかを評価するための尺度を表わす変数のことをいいます．

そうすると，XとYとZの間の関係は，一般的には，

$$Z=f(X,\ Y) \tag{2.1}$$

と表わすことができます．すなわちZはXとY如何によって決まるということです．もう一度いいかえますと，私たちの決定のよしあしの程度Zの値は，第1に私たちが左右することのできない環境条件――Yがどういうふうになるかということと，それから私たちが左右することのできる要因――Xを私たちがどのように決めるかということ，このXとYとのあるからみあいによって決まってくるということ，すなわちZはXとYとの**関数**であるということです．

私たちは自分でコントロールすることのできない環境がどういうふうに展開するだろうかということを予測して，自分が動かすことのできるもの，決定することのできるXについて，その値を決定するわけですが，その場合に，Z――評価ができるだけよくなるように決定しようとします．いいかえると，Yを予測したうえでZという評価がいちばんよくなるようにXを決定する――そういうのが一般的な意思決定の考え方です．この場合にXとYとZの間の関係を記号モデルで表わそうというのが決定モデルの考え方です．

一般的に，どんなに複雑な決定の問題でも，この3つの要素があるということになります．したがってこの$Z=f(X,\ Y)$という関係は，あらゆる決定の問題について，基本的な構造を表わす関係であると考えることができます．

ここで抽象的な説明を続けるのを避けて，1つの簡単な例で読者の理解を助けることにしましょう．

いま，次のような新聞売り子の場合を考えてみます．彼は小さいながら独立した1つのニュース・スタンドの持ち主です．彼は毎夕勤め帰りのサラリーマンを相手に夕刊を売ります．夕刊の仕入値は1部a円であり，売値は1部b円です．したがって1部売れば$(b-a)$円のもうけになりますが，しかし売れ残

ればまるまる損であるとします.

お客の数は毎夕決まっているわけではないので，いったい新聞を何部仕入れたらよいだろうかというのが彼の問題です．この問題の数学的モデルをつくることは簡単な練習問題です.

まず新聞売り子の決定のよしあしを測る尺度Zは彼の利益と考えてよいでしょう．彼が決定することのできる変数Xはいうまでもなく仕入部数であり，彼にとってコントロールできないもの，すなわち環境変数Yは客の数です.

そこで次にZとXおよびYの間の関係を考えてみましょう．この関係は次の2つの場合で異なります．まず仕入れた部数よりお客の数が少ない場合があります．このときは買いにきたお客の数Yだけ新聞は売れ，したがって収入はbYであり，これに対して仕入原価はaXですから，利益Zは$bY-aX$となります．次に仕入れた部数以上にお客がある場合があります．このときには仕入れただけ全部売れるわけですから，利益Zは$(b-a)X$です．以上2つの場合をまとめると，

$$\left.\begin{array}{ll} Z=bY-aX & Y\leqq X \text{ のとき} \\ Z=(b-a)X & Y>X \text{ のとき} \end{array}\right\} \qquad (2.2)$$

となります.

この2つの式が新聞売り子の問題の**数学的モデル**であり，そして彼の問題は，客の数Yを予測したうえで利益Zができるだけ大きくなるように仕入部数Xを決めることにあります．このように意思決定の問題を数学的モデルに表わすことを**問題の定式化**といいます.

ところで，この問題を普通の新聞売り子はどういうふうに解決しているかというと，お客が何人くるか実際にはわからないわけですが，最もきそうな数を予想して，それと同じ部数だけ仕入れるという決定をしていると考えられます．ということは，あたかもその予想したお客だけが確実にくるかのように考えて，そのもとで利益が最大になるように仕入部数を決定する

というやり方をとっているわけです．そういう考え方——Yはあたかも確定しているかのように考えて，それで利益が最大になるように考えるという場合を**確定モデル**の場合といいます．

ところが実際には，Yは何人くるかわかっていないわけで，いろいろな可能性がありうるわけです．いろいろな可能性を考えて，そのどの場合が実際に起こるか確定してない，1つに決まっていない，ということをそのまま認めて，そのうえでいちばんよい仕入部数を決めようという考え方をとる場合を**不確定モデル**の場合といいます．不確定モデルになりますと，いまの問題を解くには，ある程度の統計学とか数学の知識がいるわけですが，普通の新聞売り子の場合には，もちろんそういう知識はありませんから，いちばん確からしい値を考え，あたかも客の数がその人数に決まっているかのように考えて，そこで仕入部数を決めるというやり方をとっているわけです．

以上，簡単な例で一般的な決定モデル (2.1) の基本的論理構造は明らかになったと思います．しかしこの例は，いくら小さな新聞スタンドの経営の問題の定式化としても抽象化されすぎています．問題はそんなに簡単ではないわけです．まず第1に新聞の種類は1種類ではありません．したがって全体で何部仕入れたらよいかということを決定しても，それではいけないわけです．A新聞，B新聞，C新聞というようにいろいろな種類の新聞があります．そうすると，実は新聞売り子が決めなければならない決定変数は，全体としての部数だけではなくて，A新聞は何部，B新聞は何部というふうに，たくさんの新聞についてそれぞれ決定しなければならないわけです．それから客の方も全体で何人というだけではなくて，A新聞の買手が何人，B新聞の買手が何人，あるいは中にはAとBと組み合わせて買う客もいますからそのような客が何人，そういうふうに細かく考えなくてはならないということになるわけです．

そうすると，実はXは1つの変数ではない，Yも1つの変数ではないということになります．そこで，Xはたくさんの変数の集まりとして1つの**ベクトル**であり，Yもたくさんの変数の集まりであるということになります．しかし，このようにXもYもベクトルとして考えれば，依然としてこのモデルは正しいということになります．

《モデルを解く》　さて，以上のようにして問題がモデルに表わされたならば，次にモデルの答を求めなければなりません．答を求めるということはXの値をどのように決めたらよいかということです．そのためにはZの値ができるだけ大きくなるようにXの値を決めればよいのです．

このようにモデルの答を求めるため，すなわちモデルを解くためには，モデルのかたちや性質によっていろいろと異なった方法が用いられます．ORにおいてよく現われるモデルはいくつかの主要な類型に分けることができるので，それらの類型のそれぞれについて盛んに研究が行なわれています．そこで本書では，これからそれらの類型に従って説明することにしますが，その前に補足的な説明を少し加えておく必要があります．

先の新聞売り子の例で，モデルに確定モデルと不確定モデルの区別があることを説明しました．そして確定モデルの場合には答はきわめて簡単に得られるが，不確定モデルの場合には少しむずかしくなると述べました．一般に不確定モデルの方が確定モデルより解くのがむずかしいことは当然ですが，確定モデルの場合でも新聞売り子の例のように簡単に解けるとはかぎりません．事実，ORモデルの中には確定モデルで重要なものが数多くあります．しかし私たちの意思決定はつねに将来に向かっての行動選択の問題である以上，実際には必ず不確定要素が含まれていると考えなければならないでしょう．

次に，モデルの解法の種類についてもここで触れておかなければなりません．モデルを解く方法は大別すると，(1)解析的解法，(2)数値解法，(3)実験的解法の3つになります．

解析的解法は演繹的方法であって，**微積分**における**極大化・極小化**の方法などの知識によりモデルに解析的操作をほどこして**最適解**を求めるものです．これに対して**数値解法**は，モデルを解析的に操作するのではなく，系統的な**反復的数値計算法**があって，それによって最適解を求める方が便利であるようなモデルに適用される方法です．このような計算法を一般に**アルゴリズム**（algorithm）といいます．第3の**実験的解法**は，モデルについて実験的に計算を行なうことにより，帰納的に解を求めようとするもので，求められた解は最適解であるという理論的保証はありませんが，試みられた実験の範囲内では最善であるものが解として選ばれます．

この第3の方法は**シミュレーション**（simulation）と呼ばれ，近年非常によく用いられるようになっていますが，その基本的な考え方は図2·7のように示すことができます．シミュレーションでは，他の2つの方法のようにモデルから直接に答が求められる（図2·6を参照）のではなく，モデルからもう一度現実を再現してみるのです．ところで，モデルから再現された現実はいうまでもなく本当の現実ではなく，いわば人工的な現実というわけです．

そして，その人工的な現実に対していろいろなやり方をためし，その中で最もよいものを見つけ，それを現実に適用するというやり方です．これは実験的なやり方ですが，しかし現実に実験するのではなくて，モデルのうえで実験をするというやり方です．前の2つの方法は実験的なやり方ではなくて，演繹的に答を求めるものですが，ここでは帰納的に答が求められるの

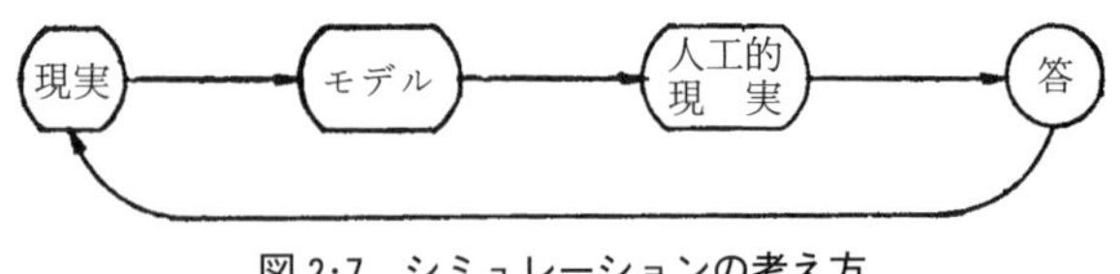

図2·7　シミュレーションの考え方

です．シミュレーションについては§18で詳しく説明します．

以上のように，大きく分けると答を求める方法すなわちモデルを解く方法には3つがありますが，この中で最近ではシミュレーションが非常によく使われるようになってきました．それはなぜかというと，解析的な方法とか，アルゴリズムによる方法というのが利用できるような問題は，現実には非常にかぎられているためです．現実の問題は非常に複雑で，解析的な方法が利用できたり，あるいは何らかの組織的な計算法が利用できるような形にならないような問題が非常に多くあります．そういうものを解くためには，どうしてもそれ以外の方法——実験的な方法によらざるをえないのです．モデルが現実的なものになればなるほど，シミュレーションによらなければ解けないということになってくるわけです．そういうわけで，シミュレーションは最近ではモデルを解く方法として非常に重要になってきています．

以上を要約して，私たちはORの特徴を問題に対するアプローチの態度として，(1)システムズ・アプローチ，(2)インターディシプリナリ・アプローチ，(3)科学的アプローチの3つにあるとしました．ORは，このようなアプローチによって，「システムの運用に関する問題に科学的な方法，手法，および用具を適用して，運用を管理する人に問題に対する最適の解を提供する」ものであると特徴づけられるのです（図2·8）．

【ORにおける問題の分類】

ORは，その発達途上においていろいろな問題にぶつかってきましたが，そのうちのあるものは問題の基本的構造が他のものと同じであるということがしばしば生じました．このような同一性は，一見して明らかである場合もあれば，研究の途中において発見されるということもありますが，いずれにせよ，よく繰り返して起こる構造の問題がしだいに分類されるようになったのは当然のことです．

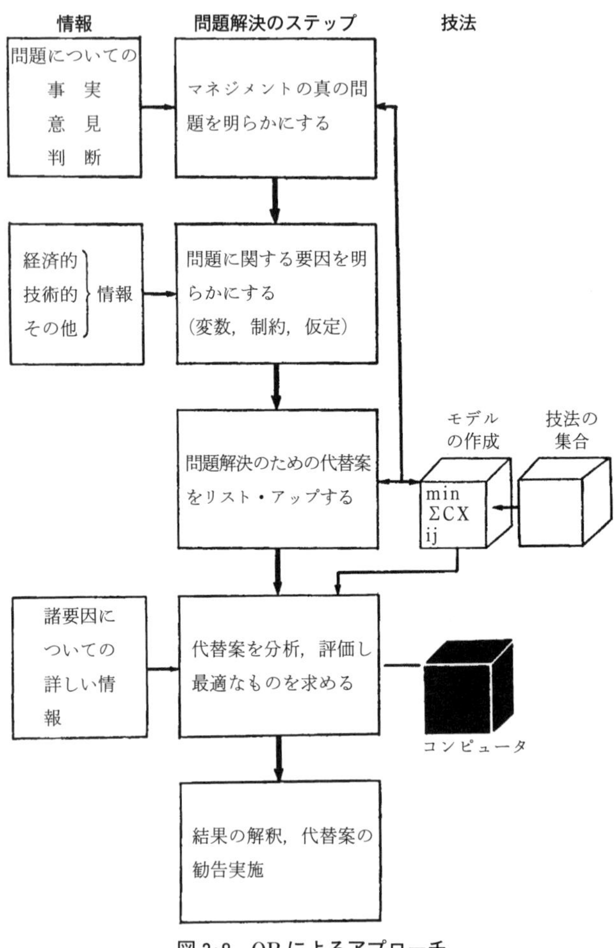

図2·8　ORによるアプローチ

そして，このような問題の構造形式の分類によって，それぞれ問題を処理する方法や用具も異なるものが発展・整備されてきたのです．問題の分類についてどのような体系をとったらよいかについては，必ずしも明確な意見の一致があるわけではありませんが，最もよく知られているものとしてはアコフ（R. L. Ackoff）の分類があります．アコフは問題の基本形式の分類として，(1)在庫，(2)配分，(3)待ち行列，(4)順序づけ，(5)順路，(6)取り替え，(7)競争，(8)探索の８つをあげています．

これらの形式のそれぞれは，必ずしもただ１つの数学的手法によって解かれるものではなく，いくつかの異なった手法を用いることができるし，また数学的手法のうちのあるものは，違った形式の問題を解くのに用いることができます．以下，本書では上のような分類を参考にして説明をすすめますが，これらのうち重要なものを詳しくし，比較的未発達なものは簡単に触れるにとどめます．また決定理論について特に１章を設けました．以下の説明の目的は，どちらかというと問題を解く手法の細部についてではなく，問題の構造について読者に理解してもらうことにあります．

3　在庫問題

§5　在庫問題とは何か

【在庫の働き】

読者の中には，自分の会社（読者が会社員であるとすれば）には「在庫問題」はないと思っている人が多いかもしれません．たとえば読者が銀行員であるとすれば，おそらくそう思っているでしょう．しかし，商品としての「もの」をつくったり，扱ったりしていない銀行にも重要な「在庫問題」があるのです．

在庫とは，一般的にいって，将来発生する需要に対しておかれる一時的な**遊休資源**のことです．それは将来何か他の価値あるものの獲得に用いられるものであり，人，原材料，機械，お金，さらには情報と，何であってもよいのです．そして「在庫問題」は，端的にいってこのような遊休資源の適正な水準を決める問題です．たとえば，銀行の支店で翌日に現金をいくらもち越すかという問題は１つの典型的な「在庫問題」です．

また，よく出される例ですが，人の在庫にこの理論を適用した成功例として，航空会社のキャビンアテンダントの訓練の問題があります．訓練は，若い人材（これが原料）を養成（これが生産過程）して一人前のキャビンアテンダント（これが製品）にすることであり，このとき一度に余り多く養成しすぎると，搭乗勤務に使われない時間に対して給料（在庫維持費用）を払うことが多くなり，これに対して養成人数が少なすぎれば，飛行便を思うように組めなかったり，キャビンアテンダントの不足から飛行便を取り消したり，または応急手段を取ることによって生ずる損失が大きくなるでしょう．また，訓練クラスを何度もこま切れに設置しなければならないようにもなり，その点でも費用（段取り費用）が余計にかかります．そして問題は，これらの費用の総和を最小にするという在庫問題になるのです．

在庫問題について考えるためには，まず在庫のもつ基本的な機能，すなわち在庫がどのような働きをもっているのかということを考えなければなりません．

基本的には，在庫の役割は，製品あるいはサービスをつくり，それを顧客に引き渡す，あるいは提供するまでのいろいろな段階における仕事の間のつながりをゆるめることにあります．そうすることによって，それぞれの仕事は他との関係にきつくしばられることなく，それぞれある程度独立に，最も経済的な仕方で実行できることになります．たとえば，在庫を考えないとしたら，生産は消費ないし需要に完全に歩調を合わせなければならないでしょう．需要の大きな変動に生産を完全に合わせるとすると，設備は需要が最高であるときに合わせておかなければならず，人員もそうするか，ないしは臨時工を雇うとか，残業を非常に多くしなければならないようなことになるでしょう．その半面，需要の少ない時期には設備や人が遊んでしまうことになります．

また需要に生産を合わせるのではなく，生産に需要を合わせなければならないときもあります．たとえば需要に生産が追いつかないときなど，そのようなことが起こってくるわけです．そうでなくとも，たとえば仕掛品在庫を考えないとしたら，前の工程の生産が後の工程の生産（すなわち前の工程の生産物に対する需要）を完全にしばってしまうことになります．このことは商店においてもいえます．在庫を考えないとすれば，お客からの注文に完全に合わせて発注（これは生産工場における製造命令に対応します）しなければならないでしょう．そうすると，発注という仕事が受注に完全にしばられて，それだけが独立に，そして最も経済的に行なわれることが不可能になるわけです．たとえば，いくつかの注文をまとめて一度にするということができなくなります．

このように，在庫は需要に生産を，または逆に生産に需要を，あるいは受注に発注をというように，歯車を合わせるようにそれぞれ完全にかみ合わせる必要をなくさせ，そのようなかみ合わせによる不経済を防ぐという役割をもっているわけです．これはちょうどデコボコ道での車輪の振動を車体に伝えないようにする自動車のショック・アブソーバーのようなものであるともいえるでしょう．

そこで，基本的な問題は，以上のような在庫の役割から生じる利益のために，どれだけ在庫に投資をしたらよいかということになります．これがいわゆる**適正在庫量**の決定の問題で，在庫管理の中心的な問題です．**在庫管理**の問題にはこれに付随して他にいろいろな問題があります．たとえば購入品の在庫管理の場合を考えますと，発注回数を年に何回にしたらよいか，発注間隔をどれだけにしたらよいか（たとえば何日おき何ヵ月おきに発注したらよいか），在庫がどれだけになったら発注したらよいか，というような在庫補充のための発注をめぐる問題や，在庫管理をどのように実施するかに関してのいろいろな問題，たとえば在庫品数のチェックはどのように行なうか，多くの種類の品目があるときの管理はどうするか，管理のための情報システムをどのようにつくるかなどの問題があります．

このような在庫管理の問題を科学的に解決しようということは，古く1910年代から考えられてきましたが，ORの出現とともに特に盛んに研究されるようになり，ORの諸分野の中でも最もよく展開され，また実用的成果があげられている分野の1つになっています．なお，ここで1つ注意しておきたいことは，**在庫モデル**あるいは**在庫理論**というのはORの手法体系の1つではなく，在庫という現象を解くために考案されたさまざまな手法・理論をまとめてさすものであるということです．この点で，後に説明するLPモデルのように，数学的に1つのまとまった体系をなすものとは意味あいの違ったものなのです．

したがって，一般的な在庫モデルなどというものはありません．種々の在庫現象の中で，似通った性質をもった問題にある程度共通したモデルが考えられるのだと思っていただければよいでしょう．

【移動在庫と組織在庫】

前項に説明しました在庫の働きから生じる利益（むしろ在庫があるために免れることのできる費用ないし損失）のために，どれだけ在庫に投資してもよいか，という問題に答えるのがこれからの課題です．そのためにはまず，在庫について次の2つを区別することが考え方の整理に役立つでしょう．第1は，品物の生産，加工や移動に時間がかかるために必要な在庫であり，第2は，組織上の理由からおかれる在庫です．ここでは第1の在庫を**移動在庫**，第2の在庫を**組織在庫**と呼んでおくことにしましょう．

移動在庫の平均的な量は，次のような関係により決まります．

移動在庫＝平均売上（需要）率×移動に要する時間

たとえば，ある製品を工場から倉庫へ移動させるのに2日かかるとして，倉庫の売上が日に平均100個であるとすれば，平均移動在庫は，100個の2倍で200個となります．

移動在庫は，上の例の工場から倉庫というように2つの離れた地点の間の品物の移動に関するものとだけ考えられがちです．しかし，どんな工場でも1つの加工作業から他の作業へと移動しつつある在庫を多くかかえています．たとえば，組み立てライン上を動いている製品はそれです．その場合には移動在庫は仕掛品在庫の一部分をなしているわけです（仕掛品在庫の全部が移動在庫ではなく，そこには後に説明する組織在庫もあることを注意してください）．

以上のことから，移動在庫の量は，売上（需要）が変化したとき，または移動に要する時間が変化したときにだけ変化します．移動時間は主として輸送手段によって決まるものですが，積みおろしなどの改良も移動時間の短縮に役立つでしょう．工場の場合には，生産方法が必要な移動在庫の量に関係するでしょう．

けれども，適正在庫量の決定の問題に関係するのは移動在庫ではなくて，次の組織在庫です．移動在庫は，前述のようにいわば技術的な関係で決まってしまうものです．決定がむずかしい問題は組織在庫をどれだけもつかということです．組織在庫は，それを多くもてばもつほど生産・流通過程におけるいろいろな段階の間の調整が容易になり，生産・流通の組織がよりスムーズに動くという性質のものです．逆にいえば組織在庫をすでに最も合理的に利用しているとすれば，その量を減らすためには組織運営に関する努力をいっそう大にしなければならないのです．組織在庫を減らすと，たとえば，連続するいろいろな段階の仕事の間のバランスをよりよくとるように努力することが必要になり，またある1ヵ所での不測の事故による仕事遅れが全体に与える影響がより大となるために，より強い促進努力が必要となるからです．この意味で，在庫は「組織を買う」ものであるともいわれます．すなわち組織在庫に資金を投じることは，金のかかる組織をつくり運営することの代わりをしているようなものと考えることができます．

組織在庫の種類としては，非常に多くのものがあります．たとえば，前の工程が何らかの理由で止まっても次の工程を止めなくてもよいように工程の間におかれる仕掛品在庫，発注の事務を簡単にするためにまとめて発注することにより必要となる在庫，1回の輸送に適当な量が決まっているために生じる在庫などです．しかし，組織在庫の基本的な働き，したがってその種類は次の3つにまとめることができます．

第1は，ロットの大きさに関係して必要な在庫です．ロットの大きさというのは，一度にまとめて生産ないしは購入される量のことですが，たとえば大量購入に対して割引があるとき，出荷費用が量の大小に関係しないとき，購買のための事務費用を節約できるときなど，さしあたって必要な量以上の大きなロットで購入がなされることはごく普通であり，また生産の場合でも段取り費用が高いときには生産ロットの大きさは大きくなります．このようにして発生する在庫は非常に一般的に見受けられるものです．このような在庫を**ロット在庫**と呼びます．

第2は，需要の予期できない変動に備える在庫です．これは**安全在庫**と呼ばれるものです．これもひろく存在する在庫で，需要の予期しない変動から生じるショックに対するクッションの役割を果たすためにおかれる在庫です．たとえば，商店ではお客の需要がかなり不規則で予期できない変動をしても大丈夫なように在庫をもっておきます．工場においても，たとえば，需要の製品別構成割合が短期的に変わって最終的組立部門の生産計画が変更されても，その前の生産部門（たとえば機械加工作業部門）の生産計画を組立部門の要求に応じてすぐ変更しなくともよいように両部門の中間に半製品在庫をもっています．

需要者を待たせることを気にもとめず，そして待たせることができるのでなければ，このような変動に備えるための在庫は経営に欠かせないものです．この在庫はお客の要求（たとえそれが気まぐれなものであっても）にサービスするという一般的経営理念のために払わなければならない代償なのです．

第3は，予期される型に従った需要の変動に備える在庫です．たとえば**季節在庫**と呼ばれるものがこれで，季節的変動のように予期できる需要の変動に対しては，在庫のための生産を行なうことによって，雇用の変動や過大な設備の要求を伴うような生産の変動を避けるのです．また加工農産物（たとえばトマト・ケチャップ）の場合のように，消費がだいたい一定で，原料の生産が季節的に変動するような場合にも，季節在庫が発生することになります.

§6　在庫問題における費用

【対立する 2 種類の費用】

以上のように，在庫問題は将来需要に備えておかれる遊休資源の最適水準を求める問題ですが，ここで２つの要素の対立が明らかです．１つは将来需要に対する備えであり，あと１つは資源の遊休です．在庫を多くもてば，将来需要に対する備えはよくなりますが，資源の遊休による損失は大きくなります．逆に在庫を少なくもてば，資源の遊休による損失は小さくなりますが，将来需要に対する備えは悪くなります．将来需要に対する備えは需要に対して在庫が不足することに伴う損失で評価することができますから，この２つの対立は**遊休費用**と**不足費用**の対立としてとらえることができます.

そして問題はこのような２種類の相反する費用の合計をできるだけ小さくするような在庫量の水準を求めることになります(図 3·1)．もっと抽象的にいうと，在庫が多くなっていくときに増加する性質の費用と，逆に減少する性質の費用との合計が最小になるようにすることが問題です.

前節では「組織を買う」在庫についての決定が，在庫管理の中心的な問題になることを説明しました．ところで，調整や計

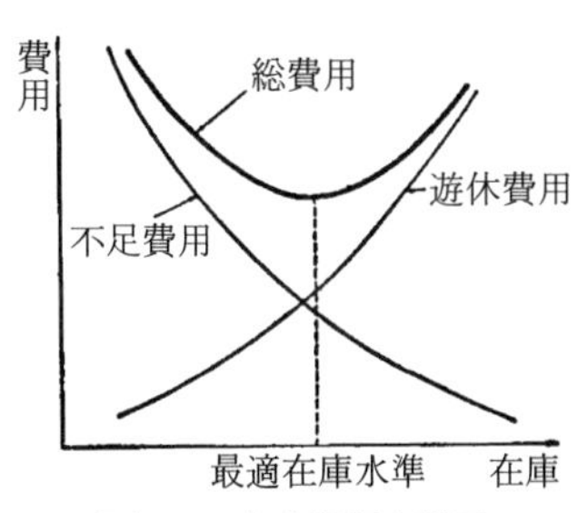

図 3·1　在庫問題と費用

画の必要性がより少なくなったり，注文を処理するための事務が減ったり，製造や出荷の費用が節約されるという利益は，在庫の大きさに比例して大きくなるものではありません．たとえば，ある工場である部品を年間2,000個必要とし，それを自工場内でつくっているとします．いま1回の生産（1ロット）で100個をつくるとしますと，年間で20ロットにして生産することになり，20回分の生産段取り費（生産にとりかかるための準備の費用）がかかります．ここで，もし1ロットを100個から200個にしますと，段取りは10回ですみ，段取り費は50%減少しますが，その部品の平均在庫は2倍，すなわち100%増加します．また，1ロットをさらに400個と大きくしますと，5回分の段取り費だけさらに減少しますが，これは最初の段取り費の25%にすぎません．これに対して平均在庫はさらに倍となり，このときの増加分は最初の在庫の200%に相当します．

そこで「組織を買う」在庫についての政策の基本的問題は，在庫をふやしてゆく場合にしだいに増加してゆく費用と，追加在庫からのしだいに低減してゆく利益との間で差し引きつり合うようにすることです．このことは，いうはやすく行なうにかたいことで，直観的判断だけでは決して満足にはできません．そこで，いろいろと新しい科学的方法が考えられているのです．

まず，在庫問題に関係をもってくる費用についてもっと整理して考えておかなければなりません．

【費用の把握についての注意】

その前に次のようなことを注意しておく必要があります．これらの費用の性格としては，それが少なくともすぐ利用できるようなかたちでは会計的記録にとどめられていないことが多いということがあります．会計記録の基本的目標は，資産についての一貫した評価と事業における価値の流れの記録を与えることにありますが，これに対して在庫管理に関係する費用は，場合に応じ，また計画期間の長さによって異なります．ここで重要なのは次の2つです．

第1に，費用としては実際に現金の流出を伴う費用（これを**現金費用**と呼ぶことにします）か，または利益実現の機会が失われることによる損失（これは**機会費用**と呼ばれます）を考えなければなりません．たとえば残業のための割増賃金は現金費用ですが，設備償却費は実際には現金の流出を伴いませんから現金費用ではありません．在庫のための倉庫のスペースがあいており，またそのスペースをほかに使う道がない場合には，現金費用も機会費用も発生しません．しかし倉庫を賃借する場合（現金費用が発生）とか，そのスペースをほかの生産的用途に利用できる場合（機会費用が発生）には，それぞれの費用は在庫の費用として考えられなければなりません．

また在庫投資の資金の費用としても，銀行などへの支払い利子（現金費用）で考える場合と，その資金を他の用途に振り向けたときの収益（機会費用）で考える場合とがあります．短期的・季節的在庫の場合には支払利子を在庫投資の費用と考え，長期的に必要な在庫の場合には資金の収益力をもとに費用を計算するという考え方も成り立つでしょう．

第2に注意しなければならないことは，在庫管理において考えなければならない費用は，現金費用にせよ機会費用にせよ，在庫政策のとり方によって影響を受ける費用（これを**関連費用**といいます）だけでよいということです．間接費の中にはどのような在庫政策をとっても関係なく発生する費用が多くありますが，そのようなものは，どのような在庫政策をとるかという在庫管理の問題にとっては考えなくてもよい費用です．たとえば設備保全費の一部や減価償却費のようなものはそれと考えられるでしょう．また使用原材料費や直接労働費は，全体としては在庫政策によって影響されませんから，考えなくともよい費用といえるでしょう．

以上のように，会計的には費用計算に算入されるべきものであっても，在庫政策決定のためには考えなくともよい費用があることや，会計的記録には全く現われることのない費用（機会費用）を考えに入れる必要があることは，意思決定の問題において非常に重要なことです．

【費用の種類と性質】

《**調達費用**》　在庫問題においてまず第1に考えなければならない費用の大きな項目を，ここでは**調達費用**と呼ぶことにします．これは外部発注の場合には**発注費用**であり，生産の場合には**段取り費用**です．発注費用は，発注のための事務処理の費用など，発注のたびに生じる費用です．たとえば電話で発注する場合の電話料，発注のための品調べや伝票作成の費用などです．また，たとえば運賃が注文量の如何にかかわらず一定だけかかるような場合には（たとえばトラック1台に積めるかぎりは，量の多少にかかわらず配達費が同じというようなとき），これも発注費と考えます．しかし，注文量に比例してかかるような運賃は品物のコストに含めます．いいかえれば，1回当たりの配達の固定費は発注費に，変動費は品物の原価に含めるのです．

次に，自己調達すなわち生産の場合の調達費用のおもなものは段取り費用です．ひとつの製品ロットの生産にとりかかるための準備費用がそれです．たとえば同じ機械でいくつかの製品を加工している場合に，1つの製品の生産から別の製品の生産への切り替えをするとき，そのための準備費用，その切替作業の間機械が休止することによる損失などがその中に含まれます．このような調達費用は，発注回数ないし生産ロット数を多くすればするほど増大する性質の費用です．

《**在庫費用**》　以上説明しました調達費用の次に，第2の大きな費用項目として**在庫費用**があります．これには在庫をもつことの費用および在庫をもたないことの費用を含めることにします．

在庫費用の中の第1は，**在庫維持費用**です．ここにはいろいろな費用が含まれますが，そのどれもがどんな在庫問題にも関係あるというわけではありません．維持費用のおもなものを次にあげてみましょう．

第1は，在庫に投下された資金の費用です．借入金を在庫に投下している場合には，その借入金に対する利子は確かに在庫維持費です．しかし自己資金を在庫に投下している場合でも，それに対して実際に利子を支払っていないからといって，資金費用をゼロと考えてはなりません．その資金を在庫以外の用途に投資すれば何がしかの収益が生まれるでしょう．資金を在庫に投下しているということは，そのような収益を犠牲にしているわけで，それはそれだけの費用が発生しているのと同じことです．このような自己資金の機会費用を考えることを忘れてはなりません．

維持費用の第2は**保管費用**で，そのおもなものは**倉庫費用**です．倉庫を賃借している場合には賃借料がその費用になりますが，注意しなければならないのは自社のスペースを利用している場合に前述のような機会費用があれば，それは保管費用に算入されなければなりません．

第3の維持費は**損耗費用**です．これは在庫としてもっている間に，商品が陳腐化したり，破損したり，またある場合には盗難にあったりすることによる損失です．

維持費の第4として**保険費用**があります．多くの場合，在庫には保険をかける必要があり，それが保険会社によるものであろうと自家保険であろうと，在庫維持費として考えられなければなりません．

在庫維持費用に続いて在庫費用の第2のものは，**過剰在庫費用**です．これは，品物に対する需要がなくなってしまったときに，なお在庫が手もちされているときに生じるものです．季節的に需要のある時期が非常にはっきりとかぎられているときにこの費用は発生します．極端なものとしては翌日にもち越せない生鮮食料品や，ひな人形のように特定の日を境に全く需要がなくなってしまうものから，婦人服など季節的衣料品や扇風機のようなものまで，特定の時期が過ぎると大幅に減価してしまうことによる損失がこの費用です．したがって，つねに需要があり，ある時期に売れ残っても値引きなどすることなく，次の期に売ることができるようなものについてはここでいう過剰在庫費用は発生しません．普通はこのような場合でも過剰在庫があるといわれますが，この場合に生じているのは在庫維持費用であって，ここでの意味での過剰在庫費用ではないことを注意する必要があります．

在庫費用の第3は，**不足費用**ないし**在庫切れ費用**です．この費用には品切れの場合の顧客の反応によって2つの種類が考えられます．1つは客を待たせて補充注文により品物を調達する場合です．この場合，売上は失われませんが，特別に品物を調達する費用がかかるでしょう．督促，特別の荷扱い，またしばしば速達便を使ったり特別包装をする必要が生じたりして余分の費用がかかります．生産の場合にも，特別な段取りや割込生産の必要が生じたりして追加的な費用が発生します．また材料在庫がなくなって間に合わせに代わりの材料を使って生産能率や品質が落ちたり，また基幹的な部品の在庫切れから全工程をストップさせなければならなくなった場合の損害もこの在庫切れ費用に含められなければなりません．

第2の種類の在庫切れ費用は，在庫切れのとき顧客を失う場合に発生するものです．このときにはお客は別の店，別のメーカーへ行って買うことになります．この売上の喪失がそのときかぎりのものであれば，その売上があったと考えたときの利益が機会費用として在庫切れ費用に算入されるだけになります．

しかし品切れによる客の信用の低下ということがあるとすれば，その損失も評価されて品切れ費用に算入されなければならないはずです．ただしこの評価は，非常に困難なことであり，多くの場合不可能であると考えられます．

《システム費用》 調達費用および在庫費用に続いて，在庫管理における第3の大きな費用項目を，ここでは**システム費用**と呼んでおきましょう．これはどのような在庫管理のやり方を採用するかによって違ってくる費用で，在庫管理のやり方によって，在庫量のチェックの回数や，必要なデータ処理などが違うことによるものです．そして，多くの品種がある場合の一括発注による節約や，多くの工場や支店がある場合の集中仕入れによる節約などによる利益が，どのような在庫管理方式をとるかによって違うということもあります．また在庫管理方式を確立し，実施するための費用も違うでしょう．これらの費用を組織費用，すなわち在庫管理のシステム費用として一括して考えようというわけです．

以上，在庫管理における費用をまとめると，次のようになります．

(1)　調達費用……発注費または段取り費．

(2)　在庫費用

　イ　在庫維持費用……投下資金費用，保管費用，損耗費用，保険費用など．

　ロ　過剰在庫費用

　ハ　在庫切れ費用……補充特別注文費用または特別生産費用など，および利益機会喪失および信用低下による損失．

(3)　システム費用

§7 最適発注量の公式

【発注費と在庫維持費用の関係】

以上で在庫問題の説明と，在庫問題に関係してくる費用の検討が終わりましたので，次に在庫管理の具体的問題にはいりたいと思います．

まず，最もよく問題になるのは，**最適発注量**ないし**最適生産ロット**の大きさの決定の問題です．これは，当面売れる量または使用される量より大きくまとめて購入したり生産したりすることの利益がある場合に生じる問題で，発注費や段取り費用の節減，事務処理や輸送費の節約，大量購入による割引などがその理由です．

このように，さしあたって必要な量以上に在庫を補充するという場合には当然，在庫が維持されなければならないことになるわけですが，それによって固定費（たとえば発注費や段取り費）はより多くの製品数量に割りかけられ，したがって単位当たり費用は下がることになります．しかし，発注量ないし生産量をどこまでも大きくしてよいというわけではなく，節約を上回る在庫維持費用が発生しないようにしなければなりません．

この問題は，最適（発注ないし生産）ロットの決定の問題として古くから研究されてきたもので，ここでは，調達費用と在庫維持費用との間でバランスがとれるようにロットの大きさを決めることが狙いです．そして最適ロットを決める公式がいろいろと求められています．そこで，次に１つの例でそのような公式の考え方を説明しましょう．なお以下の例は，考え方の核心を早くつかんでいただくようにきわめて簡単にしてあります．

Ａ社は，ある機械の部品メーカーで，機械メーカーＢ社との長期契約によって，ある簡単な特許部品をつくってＢ社に納入しています．Ａ社はそのために，ある基礎材料をＣ社から購入しており，1年の操業日数300日，1日当たり1,000個を一定して使っています．その材料の単価は100円ですが，C社からの出荷の場合の梱包などの費用および運賃がかなりかさみ，A社は1回の出荷当たり量の多少にかかわらず1万円の出荷費を負担することになっています．したがって，A社はC社に対して年間の出荷要求（発注）回数をできるだけ少なくすれば出荷費用の負担は少なくなるのですが，その場合には1回の発注量が大きくなり，平均して在庫を多くかかえていなければなりません．

このような場合の在庫量の状態は図3·2のようなのこぎり状のグラフで表わされます．たとえば図3·2の(a)では，はじめに10日分（1万個）の材料が入荷し，それが一定の率で減り続けて10日目にゼロとなり，そこでまた次の10日分が入荷するのです．この場合に平均的にどれだけの量の在庫を維持することになるかを考えてみましょう．何個を何日在庫としてもつかということは，図の三角形の面積で測ることができます．たとえば図3·2の(a)の場合には，1つの三角形の面積を考えますと，10,000(個)×10(日)÷2＝50,000(個・日)が10日間での在庫ですから，1日当たり5,000個すなわち5日分ということになります．一般に1回にx日分を発注すれば，平均していつも$x/2$日分の在庫をもっていることになります．

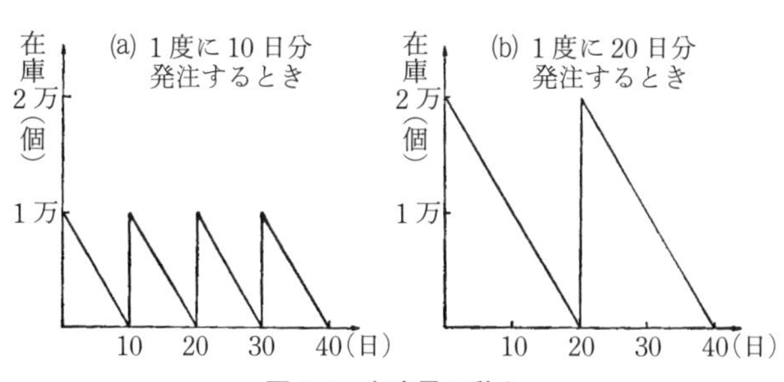

図3·2　在庫量の動き

私たちがいま考えているA社の場合，1回の発注で10日分，すなわち1万個を注文すれば1年に30回の発注をすることになりますが，1度に20日分を発注すれば年15回の発注ですみます．1回の発注当たり出荷費用および運賃のA社負担（発注費用）は1万円ですから，10日分発注の場合には，年間30万円の発注費用がかかることになり，20日分発注の場合には，15万円の発注費用がかかることになるわけです．

これに対して在庫維持費用の方はどうなるでしょうか．A社の場合，在庫維持費用は年にして在庫投資額の15%であると考えます．これは投下資金の資金コストを主にして，そのほか在庫保管費用などを含んでいます．1回に10日分を発注するときには，在庫は平均10/2=5日分をもつことになりますから，年間の在庫費用は

5(日)×1,000(個)×100(円)×0.15=75,000(円)

となります．これに対して1回に20日分を発注するときには，在庫は平均20/2=10日分をもつわけですから，年間在庫維持費用は

10(日)×1,000(個)×100(円)×0.15=150,000(円)

となります．

これから，発注回数を多くし発注費用を多くかければ在庫維持費用は少なくてすみ，逆に発注費用を少なくしようとすれば在庫が多くなって在庫維持費用がかさむことは明らかでしょう．

【総費用の最小化――最適発注量の公式】

以上のことを1回にx個を発注するとして整理してみますと，年費用は次のようになります．

① 部品購入費用=年必要部品数量×単価=300,000(個)×100(円)=30,000,000(円)

② 調達費用=発注回数×発注1回当たり費用=(300,000/x)(回)×10,000(円)=(3,000,000,000/x)(円)

③　在庫費用＝平均在庫額×在庫費用率＝$\left(100\,(円)\times x\,(個)\times\frac{1}{2}\right)\times 0.15=7.5x\,(円)$

したがって，

$$総費用=①+②+③=30{,}000{,}000+\frac{3{,}000{,}000{,}000}{x}+7.5x$$

となります．

そこで問題は，1回の発注量を何個にしたらこの総費用がいちばん少なくてすむかということです．いいかえれば，xをいくつにしたらよいかということです．その答は次のような公式で計算されます．

$$\text{最適発注量}\,(個)=\sqrt{\frac{2\times 発注1回当たり費用\times 年間必要量}{1個当たりの在庫費用}} \tag{3.1}$$

私たちの例のA社の場合には，発注1回当たりの費用は1万円，年間必要量は1,000×300＝300,000(個)であり，1個当たりの在庫費用は単価100円の15%すなわち15円ですから，上の公式から

$$\sqrt{\frac{2\times 10{,}000\times 300{,}000}{15}}=20{,}000$$

すなわち1回当たりの発注量が20日分のとき，全体の費用がいちばん少なくてすむことになります．

いま(3.1)の最適発注量の公式を一般的なかたちで導いてみましょう．在庫品の単価をc円，年間総需要をD単位，発注費用を1回当たりK円，維持費用を年率i（すなわち$100i\%$）とします．1回の発注量をx単位とすれば，年間の発注回数はD/x回であり，したがって発注費は年間KD/x円となります．一方，在庫維持費用について考えますと，図3·2ののこぎり状の図からもわかるように，平均在庫量は1回の発注量の半分で

すから，$x/2$ が平均在庫量，したがって $cx/2$ が平均在庫額であり，平均在庫費用は $icx/2$ 円となります．したがって年間の総費用 TC は

$$TC=\frac{KD}{x}+\frac{icx}{2} \tag{3.2}$$

となります．ただし部品購入費用は発注の仕方の如何にかかわらず一定（cD 円）ですから，非関連費用として TC には含めません．

そこで問題は，この TC を最小にするような発注量すなわち最適発注量を求めることです．そのために (3.2) を x について微分しますと，

$$\frac{dTC}{dx}=-\frac{KD}{x^2}+\frac{ic}{2} \tag{3.3}$$

となり．これをゼロとおいて x について解くと，最適発注量 x_0 として，

$$x_0=\sqrt{\frac{2KD}{ic}} \tag{3.4}$$

が得られます．これが (3.1) の一般形です．図 3･3 はこの最適発注量の決定を図示したものです．

【感 度 分 析】

図 3･3 の総費用曲線 TC を最小にするような点が x_0 ですが，

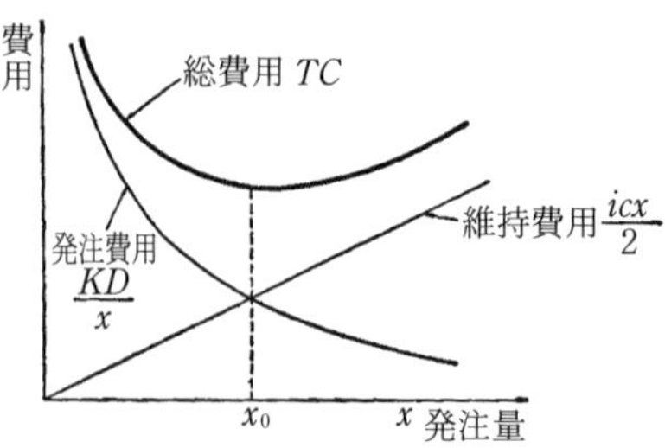

図 3･3　最適発注量 x_0 の決定

この曲線が x_0 の近辺ではかなり平らになっていることは注目に値します．それは x_0 が多少ずれても総費用には大きな影響は出てこないことを意味しているからです．このことから，パラメータ K，D，i の値についての情報が多少間違っており，その結果，最適発注量に誤差が出ても，総費用は大きくは変わらないのではないかと考えられます．そこでこれを確かめてみましょう．

(3.4) を (3.2) に代入して，最適発注量に対する総費用 TC_0 を計算してみますと，

$$TC_0=\frac{KD}{\sqrt{2KD/ic}}+\frac{ic\sqrt{2KD/ic}}{2}=\sqrt{2KDic} \quad (3.5)$$

となります．ここでたとえばKについて TC_0 を微分しますと，

$$\frac{dTC_0}{dK}=\frac{1}{2}\frac{\sqrt{2Dic}}{\sqrt{K}}=\frac{1}{2}\frac{TC_0}{K} \quad (3.6)$$

となりますから，

$$\frac{dTC_0}{TC_0}=\frac{1}{2}\frac{dK}{K} \quad (3.7)$$

が得られます．これは TC_0 の変化率はKの変化率の半分ということで，つまりパラメータKが 10%の誤差を含んでいても，それを使って最適発注量を計算したときの総費用は５％しか違わないということです．

K以外のパラメータについても同様に計算することができますが，このように一旦モデルの解が得られた後に，その解がモデルに含まれるパラメータの値の変化に対してどの程度敏感に反応するかを調べることを**感度分析**（sensitivity analysis）といいます．この感度分析により，外的要因の影響によるパラメータの値の変化，パラメータの推定値の誤差，確率的なパラメータの実際値の予測値からの乖離などに対して，どの程度細心に警戒しておくべきかがわかります．感度の大きいものほど細心な注意が必要なのです．

最適発注量の公式についてあと1つ注意しておきますと，たとえば年間必要量が2倍になっても適正発注量，したがって適正在庫量は2倍となるわけではなく，$\sqrt{2}$（約1.4）倍にすればよいということです．また，必要量が半分になっても適正在庫量は半分にはならず，$1/\sqrt{2}$（約0.7）倍となります．すなわち約3割しか在庫を減らせないわけです．一般に，この公式によると年間必要量がk倍になったとき適正在庫量はもとの$\sqrt{k}$倍になるということがいえます．

このようなことは，単なる直観では導き出すことのできないものです．それは全く数学的な分析のもつ威力によるのです．このような威力を十分に開発し，それを経営管理に役立てようというのがORの狙いです．

§8　需要の変動と在庫管理
——その1：定量発注方式

【2つの在庫管理方式】

前節に説明しました最適発注量の公式に関して，次に考えなければならないことは，この公式が，需要量がはっきりわかっていて，しかもそれがだいたい決まった量であることを前提としていることです．私たちの例のA社の場合でいえば，部品の使用量が毎日1,000個というようにわかっているわけです．この場合，1回の発注量を決めるということは何日おきに発注するかというわゆる発注間隔も同時に決めることになります．

しかし実際には，このように需要が前もってはっきりとわかっていることは少なく，だいたい需要が確定的にわからないという場合が多いのです．このような場合を**不確定需要の場合**と呼びます．

不確定需要の場合に，実際によく用いられる在庫管理方式は2つあります．1つは**定量発注法**と呼ばれるもので，これは，手もち在庫がある量にまで減ったときにある一定量を発注するという方式です．あと１つは，**定期発注法**と呼ばれるもので，この場合には，発注はたとえば毎月１回月初めにというように定期的に行なわれますが，発注量はそのときどきで違います．定量発注法の場合には，問題は手もち在庫がどれだけになったとき，どれだけの量を発注するかということです．これに対して定期発注法の場合には，発注間隔をどれだけにし，それぞれの発注の際にどれだけの量を発注するかということが問題になります．

次に，この２つの管理方式について説明することにしますが，その前に，先に説明した確定需要の場合にはそれほど問題にならない発注してから入荷するまでの時間（生産の場合には製造命令を出してから，ものができあがって在庫となるまでの時間がこれに相当し，一般にこのような時間を**リードタイム**といいます）が，不確定需要の場合には重要になってくることを注意しておきます．確定需要の場合には，リードタイムがあるときは在庫がなくなる日のそれだけ前に発注すればよいわけですが，不確定需要の場合には問題は少しむずかしくなります．

【発注点と品切れ確率】

まず定量発注法を説明しましょう．この場合には，第１に在庫がどれだけになったら発注するかを決めなければなりません．この発注時を決める在庫量の大きさを**発注点**といいます．

ところで，発注してからある長さのリードタイムの後に入荷があるわけですから，発注時の手もち在庫はこのリードタイムの需要を賄うためのものであるわけです．そこで発注点は，リードタイム中の需要を賄える量ということになりますが，リードタイムの長さが決まっているとしても，その期間中の需要は一定ではなく変動しますから，どんな場合でも100％需要が賄えるようにしておくわけにはいかないかもしれません．そうするにはリードタイム中の需要が非常に大きい場合まで考えて発注点を非常に高くしなければならず，それでは在庫維持費用がかさむことになるからです．そこで場合によっては在庫切れが起こってもしかたがないということにすれば，発注点を低くすることができ，それによって在庫維持費用を節約することができます．しかし在庫切れが起これば何らかの品切れ費用が発生するわけです．それには，発注先を督促して特別に配達してもらったり，至急便を使ったりする場合のように実際の支出を伴う費用のこともあり，売上を失うことによる機会費用のこともあることは，前に費用のところで詳しく説明したとおりです．

そこで，発注点を高くすれば品切れ費用は小さくなるが，在庫維持費用が大きくなり，逆に発注点を低くすれば在庫維持費用は少なくてすむが，品切れ費用が増大してくるということを考えて，両方の費用の合計が最も少なくてすむように発注点を決めることが要点になります．結局，品切れという事態が起こることをどれぐらいの割合で許すかということが決まれば，需要の変動性を考慮に入れて発注点が決まりますが，一般に在庫維持費用と比べて品切れ費用が高ければ高いほど発注点は高くなり，在庫維持費用が相対的に高ければ高いほど発注点が低くなることは容易に理解できるでしょう．

どれぐらいの割合で品切れが起こることを許すかは，品切れ費用と在庫維持費用との関係から次のようにして決めることができます．いま品切れのときは客はほかへ行ってしまう場合を考えますと，品切れ費用は客に与える失望ないし信用の喪失というような，見えない損失を別にすれば，品切れがなかったとすれば実現した売上からの利益と等しいことになります．したがって１個当たりの売上利益が１個当たりの品切れ費用になります．それに対して，リードタイム中の需要が発注点の量以下であった場合にはその差だけは不必要だったわけで，それだけを次の発注時まで在庫しておく費用は在庫維持費用と考えられます．いま，在庫維持費用（１個当たり）を c_o，品切れ費用（１個当たり）を c_u とすると，どれだけの割合で品切れが起こ

ることを認めるかは,

$$\text{品切れ確率}=\frac{\text{在庫維持費用}}{\text{在庫維持費用}+\text{品切れ費用}}=\frac{c_o}{c_o+c_u} \tag{3.8}$$

という計算から決定すればよいのです．かりに，1個当たりの在庫維持費用 c_o が 100 円，品切れ費用 c_u が 900 円とすれば,

$$\frac{100}{100+900}=\frac{1}{10}=0.1$$

となり，10 回に 1 回はリードタイム中に品切れという事態が発生してもしかたがないと考えることになります.

◇**(3.8) の数学的証明**（この項は，数学が苦手な読者は省略して読みすすんでください）

上述の在庫問題を数学的モデルに定式化しますと次のようになります．いま在庫量を x，需要量を y としますと，総費用 TC は次のようになります.

$$\left.\begin{aligned} TC&=c_o(x-y) && y\leqq x\text{ のとき}\\ &=c_u(y-x) && y>x\text{ のとき}\end{aligned}\right\} \tag{3.9}$$

ここで上の式は需要が在庫量以下であるとき，下の式は需要が在庫量を越える（品切れが発生する）ときを表わしています.

ここで**需要の確率分布**を $f(y)$ で表わします．$f(y)$ は需要が y という値をとる確率（y が連続的変数の場合には**確率密度**）です．y はいろいろな値をとる場合があるわけですから，それらのいろいろな場合を平均した費用，すなわち**平均費用**（あるいは**期待総費用**ともいい ETC（Expected Total Cost）と表わすことにします）を考えてみましょう．簡単化のために y は連続的変数であるとしますと，(3.9) から

$$ETC=\int_0^\infty TCf(y)dy=c_o\int_0^x (x-y)f(y)dy$$

$$+c_u\int_x^\infty (y-x)f(y)dy \tag{3.10}$$

となります．

ここでこの平均費用 ETC を最小にするような x を求めるために，(3.10) を x で微分しますと，

$$\begin{aligned}\frac{dETC}{dx} &= c_o\int_0^x f(y)dy - c_u\int_x^\infty f(y)dy \\ &= c_o\left(1-\int_0^\infty f(y)dy\right) - c_u\int_x^\infty f(y)dy \\ &= c_o-(c_o+c_u)\int_x^\infty f(y)dy \qquad (3.11)\end{aligned}$$

が得られます．ここで (3.11) を 0 とおくと，ETC を最小にする x すなわち最適在庫量 x_o に関しては，

$$\int_{x_o}^\infty f(y)dy = \Pr(y>x_o) = \frac{c_o}{c_o+c_u} \qquad (3.12)$$

が成り立たなければならないことがわかります．ここで $\Pr(y>x_o)$ とは需要 y が在庫量 x_o を越える確率の意味であり，これで (3.8) が証明されたことになります．

なお，x や y が連続的変数でなく，整数値しかとらない場合には，(3.12) に対応して次の式が用いられます（証明は省略）．

$$\Pr(y \geqq x_o+1) \leqq \frac{c_o}{c_o+c_u} \leqq \Pr(y \geqq x_o) \qquad (3.13)$$

(3.13) を用いる例を考えてみましょう．いまある商品の需要の確率分布が表 3·1 のようであるとし，この商品の在庫維持費用 $c_o=100$ 円，不足費用 $c_u=300$ 円（いずれも 1 単位当たり）とします．このとき最適在庫量を求めると，

$$c_o/(c_o+c_u)=100/(100+300)=0.25$$

ですから，(3.13) を使って，

$$\Pr(y \geqq 5)=0.20<0.25<\Pr(y \geqq 4)=0.40$$

から最適在庫量 $x_o=4$ ということになります．

表 3·1　需要の確率分布

y	$f(y)$	Pr (需要≧y)
1	0.10	1.00
2	0.20	0.90
3	0.30	0.70
4	0.20	0.40
5	0.10	0.20
6	0.10	0.10

【定量発注方式の設計】

定量発注方式を設計するためには，まず 1 回にどれだけ発注するかを決めなければなりませんが，それには前節で説明した最適発注量の公式を使います．この場合，需要が変動するわけですが，公式を使うには平均的な需要量を用います．そうすると，1 回の発注量が決まりますから，年間の平均需要から平均的な発注間隔が決まります．

例について考えてみましょう．X 商店では，ある品物が 1 日平均 15 個（年間営業日数を 300 日として年間で平均 4,500 個）売れます．この品物の売上は季節的にはほとんど変わりませんが，日によりかなり差があり，平均して 1 日 15 個ぐらい売れるのです．この品物の 1 個当たりの原価は 1,000 円で，年在庫維持費用はその 16%，すなわち 160 円です．そして 1 回当たりの発注費（運賃・通信費など）は，1 万円です．このとき，最適発注量の公式 (3.1) によりますと，1 回の発注量は

$$\sqrt{\frac{2\times10{,}000\times4{,}500}{160}}=750\ (\text{個})$$

となり，これは 50 日分に当たりますが，休業日数を考えると平均 2 ヵ月に 1 回の発注ということになります．

この品物の 1 個当たりの利益は 240 円で，もし品切れの場合にはお客は他の店に行ってしまいます．したがって 1 個当たり

の品切れ費用は240円というわけです．他方，仕入れが多すぎて次の入荷時までに売れずに残ったとすれば，その分の在庫維持費用は，在庫が多すぎたことによる余分な費用であるわけですが，この費用は平均発注間隔が2ヵ月（1年の6分の1）ですから，160円の6分の1，すなわち $\frac{160}{6}=26.7$ 円が1個当たりの在庫維持費用になります．したがって，(3.8) から

$$\frac{26.7}{26.7+240}=\frac{26.7}{267}=\frac{1}{10}$$

すなわち，10回に1回はリードタイム（発注してから入荷するまでの間）中に品切れが起こってもよいというように考えておけばよいことになります．

X商店のこの品物の場合，リードタイムは1週間であるとしましょう．そこで，発注するときの手もちの在庫（発注点）が，向こう1週間の需要を10回に9回は完全に賄えるようにしておくのがよいということになります．

ところで，1週間（6営業日）の平均需要は $15\times6=90$ (個) ですが，実際の需要は90個よりも多かったり少なかったりするわけで，大まかに考えると，90個ちょうどの需要の場合を除いて，90個より多いことが半分，少ないことが半分となりますから，発注点を90個にしたのでは，需要が90個の場合以外のうち2回に1回は品切れという事態が起こることになります．そこで発注時には90個よりも多く在庫をもっていなければならないわけですが，平均的には需要は90個ですから90個を越える部分の在庫は需要の変動に対して備えるための安全在庫ということができます．したがって問題は，10回に1回の割合でしか品切れが起こらないようにするには，どれだけの安全在庫をおいたらよいかということになります．

そのために，普通は過去の売上記録を利用します．いま100週間について売上を調べたところ，表3·2のような結果が得ら

表 3･2　売上の記録

売　上（個）	週
83	1
84	2
85	3
86	4
87	7
88	10
89	14
90	18
91	14
92	10
93	7
94	4
95	3
96	2
97	1
計	100

表 3･3　品切れの確率

発注時の在庫	品切れの起こる見込み（100 回に対し）
82 以下	100 回
83	99
84	97
85	94
86	90
87	83
88	73
89	59
90	41
91	27
92	17
93	10
94	6
95	3
96	1
97 以上	0

れたとします．表 3･2 は，たとえば売上が 93 個だった週が 7 週間あったということを示しています．

この表 3･2 から表 3･3 をつくることができます．いまかりに，発注時に 95 個の在庫があったとしましょう．このとき，1 週間後に品物が入荷するまでに品切れが発生する見込みはどのぐらいでしょうか．品切れが発生するのは需要が 95 個を越えた場合ですから，表 3･2 によりますと，それは 3 回になります．いいかえれば，発注時に 95 個の在庫があるときには，次の入荷までに品切れが発生する見込みは 100 に 3 の割合になるというわけです．このようにして表 3･3 のようなものをつくることができます．

いまの場合，在庫維持費用と品切れ費用との関係から 10 回に1回は品切れが起こってもよいと考えるわけですから，表3·3から発注時に93個の在庫があればよいことになります(したがって安全在庫は3個).

以上をまとめるとX商店の場合，この商品の在庫管理に定量発注方式を用いることにすると，手もちの在庫が93個になったとき50日分（750個）を発注するということになります.

§9 需要の変動と在庫管理 ——その2：定期発注方式

前節に説明した定量発注方式と並んで，実際によく用いられるのが定期発注方式です．この場合には，まずどれだけの発注間隔で発注するかを決め，その発注間隔ごとに定期的に発注します．この発注間隔は，年間平均総需要量を用いて最適発注量の公式から決められます.

この定期発注方式の場合には，発注時の手もち在庫と発注量との合計が，この次の発注によるものが入荷するときまでの間の需要を賄うことになります．したがって，この量はこの次の発注までの間（発注間隔）と，それに続くリードタイムとを加えた期間の需要に見合うわけです.

図3·4はこの定期発注方式の場合の在庫量の状態を示したものですが，以上説明したことから，図の点線の高さに対応する在庫量は，「発注間隔＋リードタイム」の期間中の需要量から考えて決定し，発注時にはその量と現在手もちの在庫量との差だけを発注することになります．したがって，次の発注までの間の需要が多ければ次の発注時の発注量は多く，需要が少なければ発注量も少ないことになります.

そこで次の問題は，図3·4の点線の高さをどのように決めるかということになります．この場合にも需要が確定的でなく変動する場合を考えているわけですから，品切れを100％回避することはできないでしょう．考え方としては，前の定量発注法

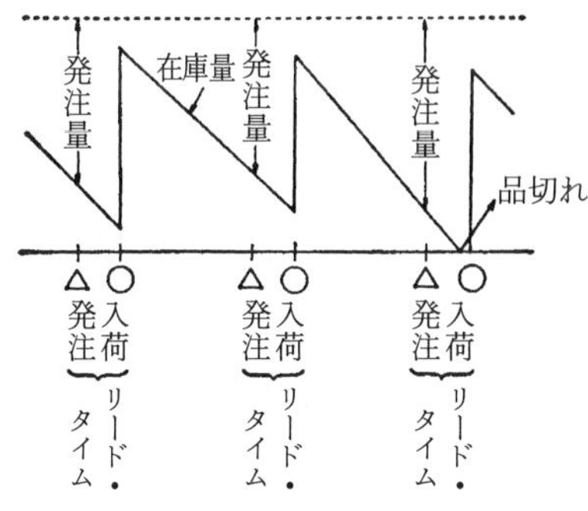

図 3·4　定期発注方式

の場合と全く同じで，品切れ費用と在庫維持費用との相対的な大小関係から，どれぐらいの割合で品切れの発生するのを認めるかが決まるのですが，ただ違うところは，定量発注方式の場合にはリードタイム中の需要の変動だけを考えればよかったのですが．定期発注方式の場合には，「発注間隔＋リードタイム」の期間中の需要の変動を考えなければなりません．

また，前節にあげたX商店の例で考えてみましょう．発注間隔は前節に計算したように2ヵ月です．どれだけの割合で品切れが発生することを認めるかについては，品切れ費用と在庫維持費用のどちらも前の場合と同じですから，前節の計算どおり10回に1回の確率ということになります．

問題は，発注時の手もち在庫と発注量の合計（図3·4の点線の高さ）をどれだけにしたらよいかです．この量は，発注間隔が2ヵ月（50営業日）でリードタイムが1週間（6営業日）ですから，その合計すなわち56営業日の間の需要を，10回に9回は品切れを起こさずに賄える量でなければならないことになります．

1日の平均需要は15個ですから，56日間の平均需要量は840個となりますが，56日間の需要はちょうど840個である場合を除けば，840 個より多い場合が半分あると考えられますから，図 3·4 の点線の高さを 840 にしておいたのでは 2 回に 1 回近くの割合で品切れが起こるということになってしまうでしょう．

そこで，前節の表 3·2 および表 3·3 と同じような表を売上のデータをもとにしてつくります．それがここの表 3·4 および表 3·5 です．表 3·5 からいまの場合，図 3·4 の点線の高さを 855 にしておけば品切れの起こる割合が 10 回に 1 回になることがわかります．そこで以上をまとめると，X 商店が定期発注方式を用いるとすれば，2 ヵ月ごとに，855 個と発注時の在庫量との差だけの量を発注する，ということになります．

なお，定期発注方式で発注間隔を決めるには，ここで説明したように最適発注量の公式を使うのが普通ですが，発注間隔が他の事情ではじめから決まっている場合も少なくありません．たとえば，商店で問屋からの注文取りが定期的に巡回してくるような場合です．このようなときには，次の巡回日後の入荷ま

表 3·4　売上の分布

56 営業日間の売上	回数
816～820	3
821～825	7
826～830	11
831～835	13
836～840	17
841～845	15
846～850	13
851～855	11
856～860	7
861～865	3
計	100

表 3·5　品切れ確率

図 3·4 の点線の高さ	品切れの起こる割合（%）
815 以下	100
820	97
825	90
830	79
835	66
840	49
845	34
850	21
855	10
860	3
865 以上	0

での期間についての需要を考えて，在庫切れ費用と在庫維持費用との関係から同じようにして発注量を決定することができます．

ここで注意しておきたいことは，費用の評価の問題です．特に在庫切れ費用は，品切れが客の信用に与える影響などを考えると，その大きさを評価することはきわめて困難です．このようなときには経営者の判断に頼らなければならないわけですが，正面からそのような評価に取り組まずに，次のように考えることも有用です．

それは，在庫についてのどのような政策も，費用についてのある評価を含んでいるということで，そのようなかくれた評価を在庫政策から逆に計算して求めることができるのです．たとえば，ここでのX商店の例で，X商店が毎回860個を発注しているとすると，そのときの品切れ率は表3·5から3％ですから，在庫維持費用は前と同じく1個当たり26.7円とすれば，

$$\frac{\text{在庫維持費用}}{\text{在庫維持費用}+\text{品切れ費用}}=\frac{26.7}{26.7+\text{品切れ費用}}=0.03$$

という関係から，この注文政策は

品切れ費用（1個当たり）=860円

と評価していることになります．そこでもしこの評価が過大であると思えるならば，1回の発注量をもっと減らし，逆に過小であると思えるならば発注量をふやすことになります．

注文取りの巡回など，情報技術が高度化した現在では考えられられないかもしれません．以上のような説明は，当時の知恵として価値があるものですので，残しておきたいと思います．

§10　在庫管理方式の選択

前節までに2つの代表的な在庫管理方式である定量発注方式と定期発注方式とを説明しましたが，この2つの方式のどちらを選んだらよいかは，一般的には次のようないろいろな事情の

考慮から決まります．

まず定量発注方式は次のような場合に適しています．

(1)　在庫量のチェックが簡単であるとか，つねに何らかのかたちの在庫量記録がつけられているというような理由で，在庫量がいつもきちんと調べられている場合．

(2)　単価が低く，1度の発注量が需要（使用）率に比較して大量であるような場合，ないしは一般に厳密な管理の必要性が大でないような場合．

(3)　発注が不定期的・不規則的になっても発注先が困らないような場合．

たとえば，定量発注法が適している典型的な場合として，工場の現場におけるナットとかボルトのような安価な部品の在庫の管理があります．このような場合には，在庫がある量にまで減るとすぐ一定量の補充注文を出すことになります．

これに対して定期発注方式は，次のような場合に適しています．

(1)　単価が高いために，より厳格にそして頻繁に管理する必要がある場合．

(2)　多くの品目について注文が同時になされるとき，個々の品目については最適発注量になっていなくても，同時発注による節約（たとえば運賃の節約）が大きい場合．

(3)　発注先の事情から定期発注が望ましい場合．

一般的にいって，定期発注方式の場合の安全在庫（需要の変動のために平均需要以上におかねばならない在庫）は発注間隔の長さに比例して増大しますから，発注費や低単価の関係から，1回の発注量が多くて発注間隔が長くなるようなものの場合には，定期発注方式はあまり適さないわけです．

実際に用いられる在庫管理方式としては，以上説明したような純粋な定量発注方式や定期発注方式のほかに，定量発注方式を修正したものや，定量発注方式と定期発注方式との中間のかたちのものがかなり多いのです．そのような管理方式としてしばしば用いられるものに，**基準在庫方式**と呼ばれるものがあります．これは定期的に在庫量調べをしますが，そのとき手もちの在庫量と注文ずみで未入荷の量とを加えたものがある一定の量以下になっているときだけ，補充注文を出すというものです．そしてそのときの注文量は，やはりある決まった最大量とその手もち量との差です．この場合，在庫調査間隔と最大ならびに最低在庫水準は，これまで説明したのと同じような分析によって決められます．ただ，補充注文量の決定の場合に発注ずみで未入荷のものを考えることを忘れないように注意しなければなりません．

以上本章で解説してきたことを振り返ってみましょう．まず第１に，在庫管理の問題を考えるためには，在庫がどのような役割を果たしているのかを個々の場合について考えなければなりません．そして次に，在庫をもつことの費用，在庫をもたないことの費用，在庫を管理することの費用など，関係する費用にはどのようなものがあり，またそれぞれの費用の大きさはどれぐらいであるかを調べなければなりません．

在庫管理の問題は，これらの費用が全体としていちばん少なくてすむような在庫管理方式を求めることであり，ここでは具体的な在庫管理方式として，最適発注量の公式，定量発注方式および定期発注方式について説明しました．

しかし，これだけの知識から読者のみなさんが自分の会社なり，工場なり，商店なりで，すぐ使えるような在庫管理方式を簡単につくれるものではないことは，すでに十分お気づきのことでしょう．たとえば，需要量（使用量）に季節的な変化や傾向的な変動があるような場合については，ここでは紙数の関係上触れることができませんでした．また，実際の在庫管理においては，ほとんどすべての場合多数の品目について同時に管理をしなければならないのですが，そのような多品目の管理につ

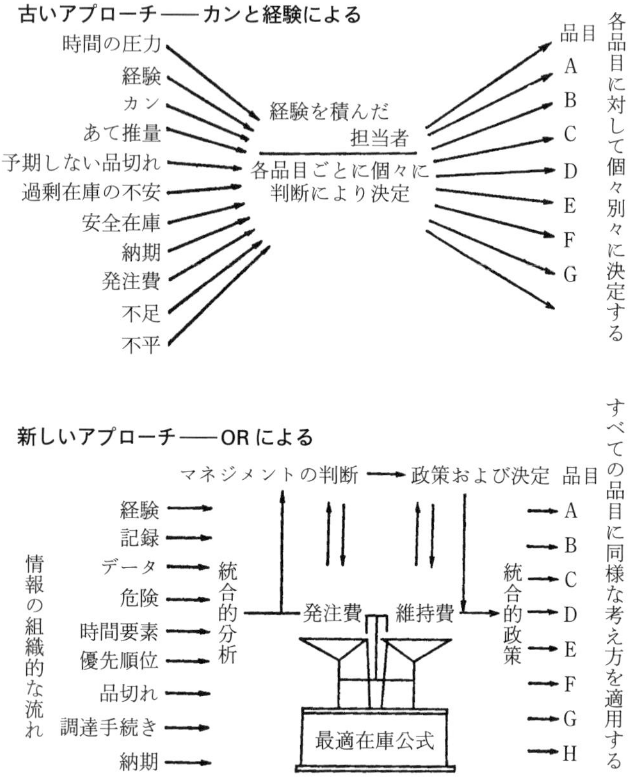

図 3·5　在庫問題の解決の古いアプローチと新しいアプローチ

いては全く説明しませんでした．

けれども，読者のみなさんが自分自身のケースで問題を考えてゆく場合に必要な基本的な考え方は，ほとんどもれなく解説したはずです．本章の解説を完全に理解されれば，いろいろとむずかしい問題はあっても，自分のケースについて科学的・合理的な在庫管理方式を設計することができるでしょう．

なお最後に追加的に注意しておきたいことは，最適発注量の公式，定量発注方式，定期発注方式などいろいろな管理方式の中からどれを選ぶかという場合に，費用についての説明の際に第3の大きな項目としてあげた在庫管理のシステムの費用がきわめて重要になってくることです．このことについては，新しい在庫管理法について書かれている数多くの書物の中で触れられていないものが多いので，特に強調しておきたいと思います．

4　配 分 問 題

§11　配分問題とは何か

【かぎられた量と複数の用途】

工場内のすべての機械に余裕時間があるならば，ある１つの機械加工作業にどの機械を選んだらよいかほとんど困難はありません．どの需要家についても，それぞれ最も近い工場から供給することができるほど供給能力に余裕があるならば，どの出荷能力を選ぶべきかを迷うことはありません．売れるだけのものをすべてつくることができるほどの設備能力をもっているならば，どの製品をつくるべきかを決定するのに問題はありません．

しかしながら，深刻な不況に悩んでいるような時期を除けば，このように簡単に問題がかたづくことはまずないでしょう．１つの問題についてのどのような決定も，その問題だけでなく他の多くの問題にまで影響を及ぼします．もしある１つの機械加工作業に対してそれに最も適した機械を割り当てると，他の作業はそれに最適ではない他の機械でしなければならないということになるかもしれません．もし需要家Ａに対して最も近い距離にある工場から出荷すれば，需要家Ｂについても同じく最も近いその工場は，もはやＢに対して供給する能力を十分にはもたないということになるかもしれません．製油所でレギュラーのガソリンを売れるだけつくってしまうと，ハイオクのガソリンに対する需要を満たすだけの能力は残されていないということになるかもしれません．

このような問題の一般的性質はすべて同じです．すなわち，利用可能量がかぎられているいくつかの資源を，多くの競合する用途の間に配分することです．そしてかぎられた資源とは，機械の台数や稼働可能時間，工場の生産能力，原材料，倉庫のスペース，運転資本，さらには人間などです．これが**配分問題**です．

簡単に整理しますと，配分問題というのは次の2つの条件があるときに発生します．まず第1に，資源にかぎりがあるということ，そして第2に1つの資源にいくつもの用途があるということです．この2つの条件がないと，配分問題というのは存在しません．たとえば，いくら資源にかぎりがあっても，1つの使いみちしかなければこれは問題ないわけで，その使いみちに使うよりしかたがありません．それから，いくらいくつもの用途があっても，資源にかぎりがなければ問題は存在しません．いくつもの用途に無制限に配分することができるからです．したがってかぎりがあって，かついくつもの用途があるという資源，その場合にはじめて配分問題が起こるわけです．

かぎりがあり，かついくつもの用途がある資源を，ある1つの用途に配分しますと，ほかの用途には配分できなくなるという問題が起こってきます．いいかえると，資源の配分は，他の何らかの用途を犠牲にすることによって，ある用途に資源が配分されるということです．そこで，そういう犠牲をできるだけ少なくするとか，あるいは配分による利益をできるだけ多くなるように配分するのにはどうしたらよいか，これが資源配分の問題です．

選択可能なやり方がきわめてかぎられた数しかないとき，たとえば2つの工場から3ヵ所の需要家に出荷するのに，最も輸送費が少なくてすむ出荷計画を求めるというような場合には，試行錯誤によってもわずかな時間で正しい答に到達することができるでしょう．しかし十いくつもの工場から何百もの需要家への出荷を考えるというような大きな問題になると，単なる試行錯誤では何日かかってもなかなかうまくゆかないかもしれません．またかりに正しい答に近いものに到達できたと思っても，それに確信はもてないかもしれません．さらに悪いことに，正しい答からどれぐらい遠い所にいるのか，答を改良するためにさらに時間と労力を投じるだけの価値があるのかどうかもわからないでしょう．

同じことは機械加工工場の場合についてもいえます．数十もの異なる工作機械があって，数十もの異なった製品を加工している場合には，組織的な方法の助けを借りないかぎり，必要生産量を生産できる計画にさえ到達すれば，そこで計画を決めてしまい，それ以上さらに低い費用で可能な計画があるかどうかを考える余裕などないでしょう．

このような配分問題は，在庫問題と並んでORが最も早くから取り組んできた問題であり，数学的手法の発展が目覚ましく，現在ではきわめて整備されていること，企業における実際的適用がかなりすすんでいることにおいて，在庫問題に決してひけをとらないものです．

【配分問題のタイプ】

配分問題は，大別すると次の3つに分けることができます．第1のタイプの問題は，次のような条件によって規定されるものです．

⑴　なされるべき仕事ないし活動（どんなタイプでもよい）の集合がある．

⑵　それらの仕事ないし活動に利用できる設備ないし資源が，それらをすべて遂行できるだけある．

⑶　それらの仕事ないし活動のうち少なくともいくつかは，それを遂行するのに異なったいくつかのやり方がある．すなわち，利用可能な設備や資源を異なった組み合わせで用いるやり方がある．

ここで問題は，すべての仕事ないし活動をそれぞれに最善のやり方で遂行することはできないので，全体として効率が最大になるように，たとえば全体としての利益が最大になるように，または全体としての費用が最小になるように，設備や資源を各仕事ないし活動に配分することです．

このタイプの最も単純な問題は，1つの仕事がそれぞれただ1つの資源を必要とする場合，したがって仕事の数と資源の数が同じ場合です．これは，各々の仕事に1つの資源を割り当てるものですから，**割当問題**と呼ばれています．

この場合，資源は人間であってもかまいません．たとえば，5種類の仕事を，5人の人にそれぞれ1つずつ割り当てる問題，7人のオペレーターを7台の異なる機械に割り当てる問題などです．また，性質の違った配達ルートにいろいろな大きさのトラックを割り当てる問題や，部屋割りの問題もこれに属します．仕事と資源との組み合わせには，費用，利益，あるいは効率が関連しており，問題は総費用が最小に，あるいは総利益ないし全体としての効率が最大になるように，仕事に資源を割り当てることです．

このタイプの問題で，仕事と資源とが1対1に対応させられるのでなく，ある仕事は1つより多くの資源を必要とし，または1つの資源が2つ以上の仕事に割り当てられる場合には，もっと複雑になります．その1つの典型的な例は，いわゆる**輸送問題**です．たとえば同じ製品をつくっているいくつかの工場があるとき，いくつかの需要地の要求を満たすのにどの工場からどの需要地にどれだけ送ったらよいかという問題です．

このような輸送問題を早くから（1953年）研究し，その結果をルーチン的な業務手続きとして用いているので知られている会社に，アメリカのH.J.ハインツ食品会社があります．この会社は，アメリカ東部ニュー・ジャージー州から西部カリフォルニア州にかけて数ヵ所にトマト・ケチャップの工場をもち，全国約70ヵ所の流通倉庫に製品を輸送していましたが，同社のマネジメントはこの輸送をできるだけ少ない費用で行なおうとしたのです．

配分問題の第２の主要なタイプは，資源の利用可能限度よりもなすべき仕事ないし活動の方が多いときに生じるものです．したがって，どのやり方で仕事をすべきかばかりでなく，仕事の選択もしなければなりません．よく知られている例としては，製油所における製品ミックスの決定問題があります．さまざまな石油製品に対する需要（そのすべてを同時に満たすことはできません）と価格とが与えられるとき，利益を最大にするにはどのような製品をどのような組み合わせでつくったらよいかという問題です．

自動車会社が旺盛な需要を前にして，かぎられた生産能力でどのような車種をどのような組み合わせでつくるべきかというのも同じタイプの問題です．かぎられた広告予算を新聞，テレビ，ラジオなどのマスコミ媒体にどのように配分したらよいかという宣伝課の問題もまた同じです．

第３のタイプの配分問題は，利用可能な資源の量をコントロールすることができる場合，すなわちどの資源を増加させたらよいか，あるいは処分したらよいかということを考えることができる場合の問題です．たとえば，どこに新しい工場や倉庫を増設したらよいか，どの生産工程のどのタイプの機械を増加させたらよいか，どの資材を追加購入したらよいかなどの問題です．

以上のような配分問題を解決するのに用いられる手法の大部分は，**数学的計画法**と呼ばれる数多くの手法の集まりです．すなわち，**線形計画法**，**非線形計画法**，**確率的計画法**，**パラメトリック計画法**，**動的計画法**などです．これらのうち，最も実際的適用例が多く，かつ将来の可能性も大きいものは線形計画法（linear programming ; LP）と動的計画法（dynamic programming ; DP）です．そこでまずLPについて説明しましょう．

§12　LP——その基本的構造

LPの問題とはどのようなものかをわかりやすく説明するために，まず次のような問題を考えてみましょう．

【本箱の問題】

それは本箱の問題です．あるいなかの金もちが息子を東京に遊学させていました．毎月息子は本代と称していなかの父親から相当な金をもらっていましたが，本はさっぱり買わないで遊びに使っていました．ところが，あるとき父親が急に上京し下宿に立ち寄ることになりました．あわてたのは息子で，下宿の本箱の中がいかにもさびしいのが父親の目にとまりそうです．そこで彼は，この際手もちの金を全部投じて本箱をできるだけ一杯にしようと決心しました．つまり，ここでは彼がどのような本をどれだけ買ったらよいかということが問題なのです．この問題を数学的に定式化してみましょう．

いま，N種類の本があるとし，それぞれの値段をp_A円，p_B円，……，p_N円とします．息子がこれらの本をそれぞれx_A冊，x_B冊，……，x_N冊買うとすれば，必要なお金は$p_Ax_A+p_Bx_B+\cdots\cdots+p_Nx_N$となります．ここで$x_A$から$x_N$までは本の冊数ですから，マイナスにはならないことを注意しておきましょう．彼の手もちの金をM円とすれば，彼はそれ以内しか本を買えませんから，

$$p_Ax_A+p_Bx_B+\cdots\cdots+p_Nx_N\leqq M \qquad (4.1)$$

となります．いま，彼が本箱をできるだけ一杯にしたいという望みは，全体の厚さ（これをTとします）をできるだけ厚くすることによって満たされると考えることにします．そこで，それぞれの種類の本の1冊の厚さを，$t_A, t_B, \cdots\cdots, t_N$としますと，息子の望みは，

$$T=t_Ax_A+t_Bx_B+\cdots\cdots+t_Nx_N \qquad (4.2)$$

を最大にすることになります．

以上をまとめると，この息子の問題は，(4.1) 式という制約条件のもとで (4.2) 式の値を最大にするような非負の変数 x_A, x_B, ……, x_N の値を求めることである，ということがわかりました．ここで注意しなければならないことは，変数がすべて非負であることと，**制約条件** (4.1) と最大にしようとする式（これを**目的関数**といいます）(4.2) とがいずれも変数 x の一次式（線形式）であるということです．いいかえますと，x の2乗とかあるいは違った x を掛けあわせたものはなく，x にある定数を掛けて加えあわせたかたちになっていることです．これが線形計画法の名前の意味です．

ところで，この問題を解くのはきわめて簡単で，各種類の本について t/p を計算し，それが最も大きいもの（すなわち1円当たりの厚さが最大のもの）を発見して，その種類の本ばかりを買えるだけ買えばよいというのが答です．たとえば，週刊誌を綴じた本があるそうで，それを買うと非常に安くて厚い本が買えるとのことです．そういうものならば，予算がたとえ少なくとも，ちょっとした本箱は一杯になるぐらい買えることでしょう．

しかし，全部がそのような種類の本では父親の手前をうまくつくろうことはできません．したがって，安くて厚い本の冊数もほどほどにしなければなりません．いま A の本がそれであるとすれば，その冊数（x_A）をある数（K_A）以下にしなければならないということになるでしょう．そこで息子にとっての制約条件としては，(4.1) 式に

$$x_A \leqq K_A \qquad (4.3)$$

が追加されることになり，問題の答は前より少し複雑になりますが，しかし，これも非常に簡単です．まず先ほどの第1の種類の本を K_A 冊全部買います．残ったお金で，その次に1円当たりいちばん厚い本をみつけてきて，全部それを買ってしまうのです．そうすると，こんどは2種類の本が買われることにな

ります．これは制約条件が2つになったことの結果です．このようなことはLPの特徴的な性質で，一般に2つ制約条件があると答は2種類の本を買うということになり，3つ制約条件を置くと3種類の本を買うことになります．

【栄養の問題】

上の例はつくったような例ですが，もっと現実的な問題で，実際にLPが現われるきっかけになったものとして，栄養の問題というのがあります．

これはいろいろな食品の組み合わせで，栄養の最低条件を満たし，しかも最も費用が安くてすむようにする，そのためにはどのような食品をどのように組み合わせたらよいか，という問題です．これはちょうど上の本箱の例と同じような性質であることがわかります．

いまN種類の食品を$A, B, \cdots\cdots, N$とし，$x_A, x_B, \cdots\cdots, x_N$がそれぞれの食品をどれだけとるかという量とします．栄養素としてビタミンAを考え，その最低必要量をM単位とします．各食品1単位に含まれるビタミンAを$p_A, p_B, \cdots\cdots, p_N$としますと，ビタミンAの必要量についての制約条件式は前述の不等式(4.1)と不等号が逆になって，

$$p_Ax_A+p_Bx_B+\cdots\cdots+p_Nx_N \geqq M \qquad (4.4)$$

となります．$x_A, x_B, \cdots\cdots, x_N$がマイナスにならないことは前と同じです．各食品の単位当たりの費用を$t_A, t_B, \cdots\cdots, t_N$としますと，(4.4)および$x$は非負という制約条件のもとで総費用$T$，すなわち

$$T=t_Ax_A+t_Bx_B+\cdots\cdots+t_Nx_N \qquad (4.5)$$

を最小にするという問題になります．これは前の本箱の場合と全く同じですが，ただ違うのは(4.4)式の不等号が逆になっていることと，目的関数を最大ではなくて最小にするということです．

これを解くのはむずかしいことではありません．各食品につ

いて１単位当たりの費用 t をビタミンAの含有量 p で割り算します．ということは，ビタミンAが１単位当たり何円かを計算するわけです．そしてビタミンA１単位当たりの費用が最も安いものをみつけて，それだけを食べるということになります．

そうすると，たとえば１日中ニンジンだけを食べていなければならないということになります．これは先の週刊誌を綴じた本だけを買うということと全く同じです．しかしそれではがまんができないわけですから，ニンジンはある程度以下しか食べないという条件を置くと，次にもう１つ別の食品をとるという結論が出てくることになります．

また栄養素についても，ビタミンAだけの制約ではないわけで，たとえば蛋白質についてもどれだけ以上とらなければいけないという制約があるでしょう．そうすると，食品によって蛋白質の含有量が違っていますし，蛋白質１単位当たりの値段も違います．このように，蛋白質についての条件も満たさなければならない，また同様に炭水化物についての条件も満たさなければならない，というようにいろいろな条件がついてきます．そうするとニンジンだけというわけにいかないわけで，ほかの種類の食品もとることになります．このように制約条件がふえれば，とる食品の種類もふえてゆきます．これは前述のようにLPの基本的な性質で，理論的に証明できるものです．

これは私たちの常識にも合っていることで，たとえば食べ物にうるさい人ほどいつも違ったものを食べていなければ満足しないというのは，このLPの基本的な性質を反映しているわけです．うるさくない人は毎日同じものを食べていても文句をいいません．うるさいということは，制約条件がたくさんあるということを意味しており，これに対してうるさくないということは制約条件が少ないわけですから，当然少ない種類の食べものをとっておればそれでも満足しているということになるわけです．

【投資の問題】

もっと企業の問題に近いものを考えますと，たとえば投資の問題もそうです．いま，投資信託会社がいろいろな株式の銘柄にどれだけ投資するかというのもLPの問題となります．これは本箱の問題で $A, B, \cdots\cdots, N$ を本の種類でなく株式の銘柄と考え，$p_A, p_B, \cdots\cdots, p_N$ を各株式の1株当たりの価格，$x_A, x_B, \cdots\cdots, x_N$ を購入株式数，$t_A, t_B, \cdots\cdots, t_N$ を1株当たりの収益とすれば，投資総額がMという限度以下という条件 (4.1) のもとで，収益の総額 (4.2) が最大になるようにするという問題になるわけで，数学的には本箱の問題と全く同じものです．そうすると，やはりこの問題を解くには，1円当たりの収益が最も高いものを全部買えばよいということになります．しかしそれでは問題ですから，ほかの条件がついてほかの株にも投資されるということになるわけです．

以上のように，LPはいくつかの非負の変数についての線形式を制約条件として，それらの変数の1つの線形式を最大（または最小）にする方法です．このかたちに定式化することのできる問題は企業内にも数多く存在し，そして**シンプレックス法**という完全に一般的な数値解法が確立されていること，および大きな問題を解くためのコンピュータのプログラムが整備されていることのために，LPはORの諸方法の中で最も実際的適用がすすんでいるものの1つとなっています．

そこで次にシンプレックス法について解説しましょう．

§13　シンプレックス法——LP問題の解法

【LPモデルとそのグラフによる解法】

いま，次のような簡単な問題を考えましょう．製品X，製品Yの2種類の機械製品を製造している会社があります．Xを1単位つくるにはフライス盤を1時間，旋盤を3時間使い，Yを1単位つくるにはフライス盤を2時間，旋盤を1時間使います．そしてフライス盤も旋盤もともに100時間しか使用可能な時間がありません．製品1単位当たりの利益は，Xが4,000円，Yが3,000円です．このときXおよびYをそれぞれいくらずつ生産すれば総利益が最も大きくなるかというのが問題です．

いま，Xの生産量をx，Yの生産量をyとし，総利益をRとすれば，この問題は次のようなLPモデルに定式化することができます．

$$x+2y\leqq 100 \tag{4.6}$$

$$3x+y\leqq 100 \tag{4.7}$$

$$x\geqq 0,\ \ y\geqq 0 \tag{4.8}$$

の条件のもとで

$$R=4x+3y \tag{4.9}$$

を最大にすることです．

ここで(4.6)はフライス盤の利用可能時間についての制約条件です．Xをx単位つくるにはフライス盤はx時間必要であり，Yをy単位つくるには$2y$時間必要ですから，その合計が100時間を越えてはならないというのが(4.6)の意味です．同様に(4.7)は旋盤の利用可能時間についての制約条件です．また生産量はマイナスにはなりえませんから，(4.8)の変数の非負条件が必要です．(4.6)～(4.8)の制約条件はすべて変数x，yについての1次式（線形式）です．これらの条件のもとで，総利益（千円単位）を表わす式(4.9)が最大にされねばなりません．このように，いくつかの非負の変数についてのいくつかの線形の制約条件のもとで，それらの変数のある線形式を最大あるいは最小にする問題がLPです．

ところで，(4.6)～(4.8)を満たすxとyの組み合わせ(x, y)は，グラフで示すと，これらの不等式を等式にしたものが表わす直線によって囲まれる領域になります．図4･1の斜線の部分すなわち4角形$OABC$の内部および周囲がそれです．このようにすべての制約条件を満足するようなx，yの組

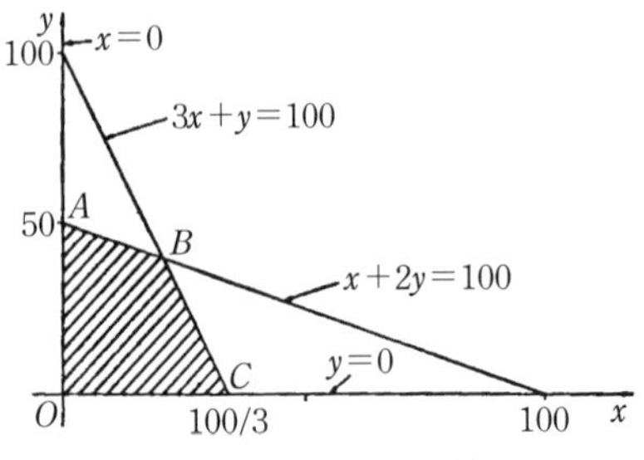

図 4·1　実行可能領域

は**実行可能解**と呼ばれ，実行可能解の集まりを表わす領域を**実行可能領域**といいます．たとえば ($x=10$，$y=15$) や ($x=20$，$y=10$) はそれぞれ 1 つの実行可能解です．しかし，この 2 つの実行可能解について総利益を比較してみますと，前者では 85（千円)，後者では 110（千円）で，後者の方がよいことがわかります．そこで問題は，実行可能解の中で最大の利益を与えるようなもの（これを**最適解**といいます）を見つけることです．

グラフで最適解を見つけるためには，図 4·1 に目的関数 (4.9) を加えた図 4·2 によらなければなりません．いま R にある一定の値を与えると，(4.9) は 1 本の直線を表わします．(4.9) を変形すると，

$$y=-\frac{4}{3}x+\frac{R}{3} \qquad (4.10)$$

となり，これは傾きが $-4/3$ で，y 軸の切片が $R/3$ の直線を表わすからです．図 4·2 には R の 5 つの値 (100, 150, 200, 250, 300) について直線 (4.10) が描かれています．そして原点 O から遠いほど R の大きな値に対応します．ここで R が 200 を越えると直線は実行可能領域から離れてしまい，直線上の点は制約条件を満たさなくなります．したがって，R を増加させてゆくとき直線 (4.10) が実行可能領域 $OABC$ からまさに離れよう

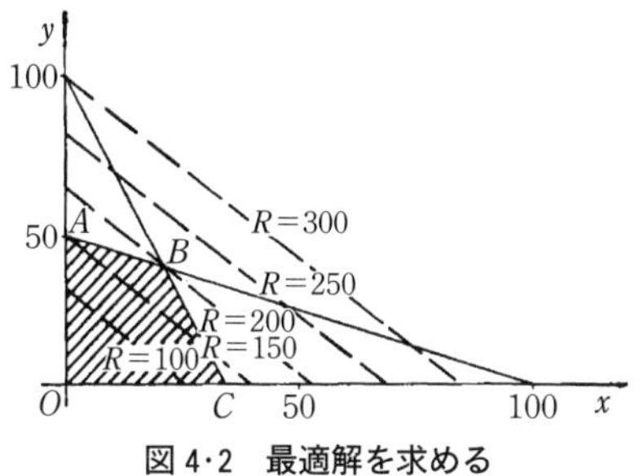

図 4·2　最適解を求める

とする点を見つければ，その点が実行可能でかつRが最大，すなわち最適解を表わすと考えることができます．図 4·2 ではB点がそれで，そのとき $x=20$，$y=40$ であり，利益 $R=200$（千円）です．

以上で，この簡単な LP 問題の解が得られたことになりますが，このようにわずかに 2 つの変数しか含まないような小さな問題であっても，何百あるいは何千もの変数を含む大きな問題であっても，その本質は少しも変わりません．しかし大きな問題になりますと，上のようにグラフで解くことはできません．そこで一般的な計算方法が必要となります．それがシンプレックス法（simplex method）です．

【シンプレックス法の原理】

まず，上述の例でシンプレックス法の計算の原理を説明しましょう．そのためには (4.6) と (4.7) を次のような等式になおします．(4.6) はフライス盤の使用時間（左辺）がその利用可能時間（右辺）を越えないという式ですが，ここでフライス盤の未利用時間を考え，それを λ_1（λ はラムダと読むギリシヤ文字で，ラテン文字の 1 に相当します）で表わしますと，(4.6) は

$$x+2y+\lambda_1=100 \tag{4.11}$$

と等式になります．旋盤についても同様に，その未利用時間

λ_2を考えると (4.7) は,

$$3x+y+\lambda_2=100 \tag{4.12}$$

となります．λ_1もλ_2もともに負となることはできません（それは使いすぎを表わします）から，その条件を加えると (4.8) は,

$$x \geqq 0,\ y \geqq 0,\ \lambda_1 \geqq 0,\ \lambda_2 \geqq 0 \tag{4.13}$$

となります．フライス盤も旋盤も使わずにおいては利益はありませんから，目的関数 (4.9) はλ_1，λ_2を加えても,

$$R=4x+3y+0\lambda_1+0\lambda_2 \tag{4.14}$$

となり，実質的には (4.9) と変わりません．

このλ_1，λ_2のように，不等式を等式にするために用いられる非負の変数のことを**スラック変数**（slack variable）といいます．そこで問題は，(4.11)～(4.13) の制約条件のもとで (4.14) を最大にするということになります．

シンプレックス法の計算は，まずある１つの実行可能解を見つけ，その解が最適解であるかどうかを判定して，もし最適解でなければその解を改善してゆくという手順で行なわれます．

ここで (4.11) と (4.12) は４つの変数x，y，λ_1，λ_2についての２つの連立方程式であることを注意しましょう．いまこれらの４つの変数のうち２つを０としますと，これらは残りの２つの変数についての２つの連立方程式になります．そしてその答は通常ただ１とおりに決まります．このように，制約条件式の数と同数の変数を除いて他の変数をすべて０とおいて得られる答を**基底解**といい，０とおかれなかった変数を**基底変数**，０とおかれた変数を**非基底変数**といいます．しかし基底解は必ずしも実行可能解ではありません．たとえば (4.11) と (4.12) でyとλ_1を０にして得られる解$x=100$，$\lambda_2=-200$は実行可能解ではありません．図4·1でいえば，基底解は４本（x軸とy軸をも含めて）の直線のうちの２本の交点で表わされますが，６つの交点のうちO，A，B，Cだけが実行可能で，他の２つ

(100，0) と (0，100) は実行可能ではありません．図 4･2 の説明からも明らかでしょうが，最適解は実行可能な基底解（これを**基底可能解**といいます）の中のどれかですから，シンプレックス法は，まず 1 つの基底可能解を見つけ，それが改善可能ならばよりよい基底可能解へ移るという計算手順をとります．

そこでまず，(4.11) と (4.12) の 1 つの基底可能解を見つけましょう．それはきわめて簡単です．x と y の 2 つを 0 とすれば $\lambda_1=100$，$\lambda_2=100$ という実行可能解がすぐ得られます．いいかえると，

$$x=0,\quad y=0,\quad \lambda_1=100,\quad \lambda_2=100 \tag{4.15}$$

がはじめの基底可能解として利用できます．スラック変数を用いることの 1 つの効果は，このように出発点の基底可能解が簡単に得られることにあります．

(4.15) の解は，X も Y も全く生産せず ($x=0$，$y=0$)，フライス盤も旋盤も全然使わない ($\lambda_1=100$，$\lambda_2=100$) ことを意味します．しかしこれは明らかに利益を最大にはしませんから，私たちは別の解を探すことになります．これは基底変数と非基底変数とのいれかえによってなされますが，このいれかえは 1 つずつなされます．そこで (4.15) で非基底変数である x または y のいずれかを基底変数にし，基底変数である λ_1 または λ_2 のいずれかを非基底変数にします．

まず x と y のどちらを基底変数にするかについては，どちらの値を正にしても目的関数 (4.14) の値は増大しますから，理論上はどちらでもよいのですが，実際上は 1 単位当たり R の増加が大きい方が選ばれます．したがってこの場合，x が選ばれることになります（(4.14) において係数の大なる方)．いいかえると，X が生産されることになります．

(4.14) から x の値をふやせばふやすほど R は大きくなりますが，それには限度があります．x の値をふやせば λ_1 および λ_2 の値は減少してゆきます（X の生産量がふえればフライス

盤および旋盤の未利用時間は減る)．これは(4.11)および(4.12)で$y=0$として変形したもの，

$$\lambda_1=100-x \tag{4.16}$$

$$\lambda_2=100-3x \tag{4.17}$$

からも明らかでしょう．λ_1およびλ_2はいずれもマイナスにはなりえませんから，xの増加はλ_1あるいはλ_2のいずれかが0にまで減少したときに止まらなければなりません．λ_1およびλ_2はxがどこまで増加したときに0となるかを調べるために，(4.16)および(4.17)で左辺を0としたものをxについて解くと，λ_1については

$$x=100 \tag{4.18}$$

λ_2については，

$$x=100/3 \tag{4.19}$$

となります．したがってxを100/3まで増大させると，まずλ_2が0になってしまい，それ以上xをふやすことはできません．以上のことから，xを基底変数にすることによって代わりに非基底変数になる（0になる）のはλ_2であることがわかりました．このときλ_1は依然としてプラスの値をとっています(基底変数)が，その値は(4.16)で$x=100/3$とおいて，

$$\lambda_1=100-100/3=200/3 \tag{4.20}$$

となります．また利益Rは

$$R=4\times(100/3)=400/3 \tag{4.21}$$

となります．以上をまとめると，新しい解は

$$x=100/3,\ y=0,\ \lambda_1=200/3,\ \lambda_2=0 \tag{4.22}$$

となります. これは図4·2ではOからCへ移ったことになります.

次にこの(4.22)の解がさらに改善可能かどうかが問題になります．それを考えるために，(4.11)と(4.12)を新しい基底変数xおよびλ_1について解いてみますと，

$$x=\frac{100}{3}-\frac{1}{3}y-\frac{1}{3}\lambda_2 \tag{4.23}$$

$$\lambda_1=\frac{200}{3}-\frac{5}{3}y+\frac{1}{3}\lambda_2 \tag{4.24}$$

が得られます．そしてこれらを (4.14) に代入しますと，

$$R=\frac{400}{3}+\frac{5}{3}y-\frac{4}{3}\lambda_2 \tag{4.25}$$

となります．ところで (4.22) の解では y と λ_2 は 0 ですから，(4.25) は $R=400/3$ を表わしているわけですが，y の係数はプラスですから，現在 0 である y をプラスにすることによって R は増加することがわかります．いいかえますと，現在生産されていない Y の生産を行なうことによって利益は増大するわけです．これは y を非基底変数から基底変数にすることが解の改善になるということです．

ここで前と同じようにして，y の値はどこまで増加させることができるかを考えるために，(4.23) と (4.24) とを見ましょう．y の増加によって，いまプラスの値をとっている（基底変数）x も λ_1 も，ともに減少することがわかります（y の係数がマイナス）．したがって y は，x または λ_1 のどちらかがまず 0 になるところまでしか増加させることはできません．x については (4.23) で左辺と λ_2 を 0 として，

$$y=\frac{100}{3}\Bigg/\frac{1}{3}=100 \tag{4.26}$$

λ_1 については (4.24) で左辺と λ_2 を 0 として

$$y=\frac{200}{3}\Bigg/\frac{5}{3}=40 \tag{4.27}$$

となりますから，y はこの両者の小さい方，すなわち 40 までしか増加させることはできません．そこで新しい解は (4.23) と (4.24) に $y=40$ を代入して，結局

$$x=20,\quad y=40,\quad \lambda_1=0,\quad \lambda_2=0 \tag{4.28}$$

となり，そのときの利益 R は

$$R=4\times 20+3\times 40=200 \tag{4.29}$$

となります．これは図4·2ではC点からB点へ移ったことを意味します．

さて，この解(4.28)はなお改善可能でしょうか．それを調べるために(4.24)からyを非基底変数λ_1，λ_2で表わした式を求めますと，

$$y=40-\frac{3}{5}\lambda_1+\frac{1}{5}\lambda_2 \tag{4.30}$$

となりますから，これを(4.25)に代入しますと，

$$R=200-\lambda_1-\lambda_2 \tag{4.31}$$

が得られます．これは，現在非基底変数であるλ_1およびλ_2のどちらをプラスにしても，利益は減少することを表わしていますから，λ_1，λ_2のどちらも基底変数にすることは得策ではないこと，すなわち(4.28)が最適解であることを意味しています．これで問題は解けたことになりますが，この解が前述の図による解と一致していることはいうまでもありません．

【シンプレックス表による計算】

シンプレックス法では，以上のような計算手順を**シンプレックス表**と呼ばれる表のかたちで行ないます．シンプレックス表を書くには，まず(4.11)，(4.12)，(4.14)を表4·1のように表示します．まず上の見出しには，すべての変数名（x，y，λ_1，λ_2）と目的関数(4.14)におけるその係数を書きます（第2行目とその上のc_jの行）．左側の見出しには基底変数と目的関数におけるその係数を書きます（基底変数と書かれた列とそ

表4·1　シンプレックス表

c_j →	—	—	4	3	0	0	
↓ c_i	基底変数	基底解	x	y	λ_1	λ_2	θ
0	λ_1	100	1	2	1	0	100
0	λ_2	100	3	1	0	1	100/3
	z_j-c_j	0	−4	−3	0	0	

の左の c_i の列)．いまの場合，λ_1 と λ_2 が基底変数となっていますから，$\lambda_1=100$，$\lambda_2=100$ であり，これはこの表が (4.15) の解に対応していることを示しています．表の本体部分は，(4.11) および (4.12) の右辺を基底解の列に，左辺の係数を各変数の列に書いたものです．基底変数の列には，1が1ヵ所（その変数の行）にあり，他は0がはいるというかたちになります．非基底変数の列は，その変数と同等な基底変数の組み合わせの係数が並んでいると解釈することができます．たとえば x の列には1と3が並んでいますが，これは，

$$x=1\lambda_1+3\lambda_2 \qquad (4.32)$$

と解釈できます．これは X を1単位つくることと，フライス盤の未利用時間（λ_1）1時間と旋盤の未利用時間（λ_2）3時間の組み合わせとは同等であるということです．

次に z_j-c_j の行について説明しましょう．この z_j-c_j は**シンプレックス基準**と呼ばれるもので，現在非基底変数であるものを基底変数とすることによって目的関数にどのような影響を与えるかを示すものです．

この計算は次のようにします．c_i の列の数値と各変数の列の数値とを対応するもの同士で掛けて加えたものが z_j で，それからその変数の列の c_j の値を引きます．たとえば x と λ_1 についてはこの計算は次のようになります．

	z_j	c_j
x	$(0\times1+0\times3)$	$-4=-4$
λ_1	$(0\times1+0\times0)$	$-0=0$

ところで，このようにして計算されたものは何を意味しているのでしょうか．x の列を例にとって考えてみます．x を1ふやす（X を1単位生産する）には λ_1 を1，λ_2 を3だけそれぞれ減らす（未利用時間をそれだけ用いる）ことが必要です．これは (4.32) の意味していることです．したがって z_1（x の列の z）は x を1だけふやすことによって減らされる（犠牲にさ

れる）利益の総計ということになります．これに対して c_1（x の列の c）は x を1ふやすことによって生み出される利益ですから，z_1-c_1 は x を1だけふやすことによる犠牲の純価値（純利益の符号を変えたもの）を表わします．したがって，これがマイナスであるということは x をふやすことがよい（x を基底変数に入れることがよい）ということを示します．一般にシンプレックス基準 z_j-c_j がマイナスであれば，その列の変数を基底変数に入れることが得策であるわけであり，したがって z_j-c_j の行にマイナスの数字があるかぎり，解には改善の余地が残されていることが示されていることになります．なお基底変数の列のシンプレックス基準はつねに0となります．

表4·1では，x と y の列のシンプレックス基準がともにマイナスですから，x または y のどちらを基底変数としても解は改善されることになります．そこで絶対値の大きい x の方を新しい基底変数として選ぶことにします．

最後に，x が新しく基底変数となることによって，これまで基底変数であった λ_1 と λ_2 のうちどちらかが非基底変数にならなければなりません．非基底変数になるものがどれかを見つけるために計算されるのが，表の右端の θ の列の数値です．これは新しく基底変数となる x の列の数値（プラスのもののみ）で，現在の基底変数の値（基底解の列）を割ったもので，(4.18) および (4.19) に対応します．この θ の最小値に対する行の変数が基底変数から非基底変数になるものです．表4·1では λ_2 がそれです．

以上で表4·1の説明は終わりました．この表は前述のように，改善の余地のある解を示していますから，その改善をしなければなりません．その改善は上で説明したように基底変数を λ_1 から x に変換することによりなされます．これによって得られるものが表4·2の(b)表です．表4·2の(a)表（表4·1と同じ

表 4·2　シンプレックス表の計算

	c_j →	—	—	4	3	0	0	
	↓ c_i	基底変数	基底解	x	y	λ_1	λ_2	θ
(a)	0	λ_1	100	1	2	1	0	100
	0	λ_2	100	3	1	0	1	100/3
		z_j-c_j	0	-4	-3	0	0	
(b)	0	λ_1	200/3	0	5/3	1	$-1/3$	40
	4	x	100/3	1	1/3	0	1/3	100
		z_j-c_j	400/3	0	$-5/3$	0	4/3	
(c)	3	y	40	0	1	3/5	$-1/5$	
	4	x	20	1	0	$-1/5$	6/15	
		z_j-c_j	200	0	0	1	1	

もの）から(b)表へ移る計算は次のようにして行なわれます．

前述のように，(b)表での基底変数はλ_1とxになりますから，左側の変数の見出しにはλ_1とxが書かれます．xの行は(a)表のλ_2の行のxの列の係数が1となるように計算されます．したがって(a)表のλ_2の行を3で割ったものが(b)表のxの行です．次に(b)表のλ_1の行はxの列が0となるように計算されます．したがって，(a)表のλ_1の行から(b)表のxの行（の1倍）を引き算すればよいことがわかります．たとえばyの列の数値5/3は$2-1/3$と計算されたものです．

以上のようにして(b)表の本体部分が計算されますと，次に前と同様にしてシンプレックス基準z_j-c_jの行の数値が計算されます．たとえばyの列の値は$0\times(5/3)+4\times(1/3)-3=-5/3$と計算されます．

(b)表では，yの列のシンプレックス基準の値がマイナスですから，yを基底変数にすることが有利であることがわかります（これは(4.25)のyの係数がプラスであることに対応します）．

そこで前と同様に θ を計算しますと，λ_1 が基底変数から非基底変数になることがわかります（これは (4.26) と (4.27) の計算に対応します）．したがって，λ_1 と y とのいれかえの計算を行ないますと(c)表が得られます．この計算は(a)表から(b)表への計算と全く同様です．まず，新しい基底変数 y の行の y の列の値を 1 とするため，(b)表の λ_1 の行をその行の y の列の値 5/3 で割ったものを(c)表の y の行とします．次に(c)表の x の行の y の列の値を 0 とするため，(b)表の x の行から(c)表の y の行の 1/3 倍を引き算したものを(c)表の x の行とします．その結果(c)表の本体部分が得られますから，あとは前と同様にシンプレックス基準の行を計算すればよいわけです．

(c)表のシンプレックス基準の行には，もはやマイナスの数値はありません（これは (4.31) に対応します）から，(c)表の表わしている解が最適解ということになります．

読者は，前項に説明したシンプレックス法の原理とシンプレックス表の計算とがピッタリ対応していることをよく確認してください．ここでは最も簡単な数値例で説明しましたが，問題がもっと大きなものになって方程式や変数の数が増大しても，原理的には全く変わりありません．

§14　シンプレックス基準の与える情報の利用 ——機会費用と帰属価格

【機 会 費 用】

以上説明してきましたように，LP は配分問題における最適計画を求めるための有力な方法ですが，しかし LP はさらに重要な情報を提供してくれます．ここではそのような情報のうち**機会費用**と**帰属価格**について説明しましょう．これらの情報はシンプレックス法の計算に付随して自動的に求められるもので，特別な計算は少しも必要としません．

まず機会費用について説明するために，前節の問題において

表 4·3　製品 W が加わったときの解

	c_j →	—	—	4	3	7	0	0
	↓ c_i	基底変数	基底解	x	y	w	λ_1	λ_2
(a)	0	λ_1	100	1	2	2	1	0
	0	λ_2	100	3	1	3	0	1
		z_j-c_j	0	−4	−3	−7	0	0
(c)	3	y	25	−3/4	1	0	3/4	−1/2
	7	w	25	5/4	0	1	−1/4	1/2
		z_j-c_j	250	5/2	0	0	1/2	2

新たに製品 W が加わった場合を考えましょう．製品 W を1単位つくるにはフライス盤を2時間，旋盤を3時間必要とし，利益は1単位当たり7,000円とします．W の生産量を w としますと，この問題をシンプレックス法で解くと最適解として表4·3の(c)表が得られます（ここでは途中の計算(b)表を省略しましたが，読者は練習問題として解いてみてください）．

この問題で x，y，w はそれぞれ製品 X，Y，W を生産するという活動を表わす変数ですが，シンプレックス表の最終表におけるこれらの変数に対するシンプレックス基準の値は，これらの活動の機会費用を表わします．表4·3の(c)表ではそれらの値は次のようになっています．

x　………　5/2（千円）
y　………　0
w　………　0

これらの値は次のように解釈できます．最適解においては，製品 X は全く生産されないことになっています．しかし，何らかの事情でどうしても X を生産しなければならないというようなことは実際にはよくあることです．いまの場合，シンプレックス基準の解釈によれば，X を1単位生産することにより Y の生産は3/4単位増加し，W の生産は5/4単位減少する結果（(c)表

の x の列を見てください)，利益は5/2（千円）減少してしまうことになります．したがって X の生産を強いられることは1単位当たり5/2（千円）の利益の犠牲を強いられることになるのです．これが機会費用であり，最適計画においてプラスの水準で行なわれない活動については，このような機会費用が考えられるわけです．これに対して最適計画においてプラスの水準で実行される活動（いまの場合 Y と W の生産）については機会費用は0となります．

【帰属価格】

最適解におけるスラック変数に対応するシンプレックス基準の解釈については，活動変数の場合の機会費用という解釈と少し違った考察を必要とします．表4·3の(c)表では，スラック変数 λ_1，λ_2 に対するシンプレックス基準の値は次のようになっています．

λ_1（フライス盤の遊休時間）………1/2

λ_2（旋盤の遊休時間）………………2

この値は帰属価格（imputed price）とか影の価格（shadow price）と呼ばれます．

シンプレックス基準についての解釈から，帰属価格は各設備を1時間遊休させる（λ を1ふやす）ことによって減少する利益を表わしています．たとえば，フライス盤を1時間遊休させる（$\lambda_1=1$ とする）ことにより利益は1/2（千円）減少するのです．これを逆の面から見ると，帰属価格は各設備の利用可能時間を何らかの方法で1時間ふやしてやればどれだけの利益増加が期待されるかを示してもいます．

このように帰属価格は，制約のある資源（上例では設備の利用可能時間）について，その制約を1単位ゆるめてやることによってどれだけの利益増加が期待できるかを示すものであり，その意味でその資源の限界価値あるいはそれから帰属計算される価格を表わすものと考えられるのです．したがって帰属価格は制約ある資源への追加投資の効果を判断するための重要な情報です．もちろん，制約条件を大幅にゆるめると最適解を構成する基底変数の組み合わせに変化が生じることがあるので，その意味では帰属価格は小さな変化に対するもの，すなわち限界的な利益の増加を示すものです．

以上のように，帰属価格はシンプレックス表の最終表におけるシンプレックス基準の値として，シンプレックス計算において自動的に得られるものですが，これはまた，はじめの LP 問題と対をなすもう 1 つの LP 問題の解ともなっているのです．この LP 問題ははじめの LP 問題に対して**双対問題**と呼ばれます．双対問題は，資源配分の計画の問題に対してはその裏に必ず資源の評価の問題があることを示しているもので，これに関してはいろいろと興味のある話題がありますが，本書では紙数の関係でこれ以上立ち入ることはできません．

以上で LP についての基本的説明を終わりましたが，LP の適用可能範囲はきわめて広く，いくつかの供給地からいくつかの需要地に向けて物資を輸送する場合に，どこからどこへどれだけ輸送したら総輸送費が最も少なくてすむかという輸送問題や，いくつかの仕事に人員や機械を割り当てる場合に，どのように割り当てたら全体としての効率が最大になるかという割り当て問題など，いろいろな問題の解決に用いられています．

§15　動的計画法（DP）

【DP の問題例――広告回数の配分】

LP は配分問題において最も広く用いられている方法ですが，配分問題の中にも LP の適用できないようなものがたくさんあります．そのような場合に用いられる 1 つの方法が動的計画法（dynamic programming ; DP）です．しかし，DP は配分問題だけでなく在庫問題その他の問題にも広く適用可能なものです．以下では 1 つの簡単な具体例で DP の基本的な性格を理解していただくことにしましょう．

いま，ある会社で新製品のセールス・キャンペーンの一環として雑誌広告を考えているとします．計画としては3回の全ページ広告を考えており，選択の対象となる雑誌は1，2，3，4の4誌です．そこで，これらの4つの雑誌に全体で3回の広告を出す仕方を考えてみますと，表4･4のように全部で20とおりあることになります．たとえば1の出し方は，雑誌1に3回出して他誌には全く出さないという方法です．

ここで問題は，この20とおりの出し方の中で最もよいのはどれかということですが，この問題を解くためには，それぞれの雑誌に広告を出したときの効果がわかっていなければなりません．そこでいま，雑誌 i $(i=1, 2, 3, 4)$ に全ページ広告を x_i 回出したときの効果を $f_i(x_i)$ で表わすことにします．効果は売上増加で測られることもあるでしょうし，あるいはその商品の知名度の上昇，広告に接触する人の数など，場合によりさまざまな尺度で測られるでしょうが，ここでは純利益（売上－費用）で測られるものとして，それが表4･5のように測定されたとします．そしてこれを図示したものが図4･3です．

表4･5あるいは図4･3を見てわかるように，純利益は広告回数に比例して増加してはいません．たとえば雑誌1の場合には，はじめ純利益は増大し，2回目にはその効果はさらに大きく増加しますが，3回目には純利益はかえって減少しています．雑誌2の場合には3回目にいたるまで純利益は増大し続け

表4･4　4誌に3回の広告を出す方法

雑誌＼出し方	1	2	3	4	5	6	7	8	9	10	11	12	13	14	15	16	17	18	19	20
1	3	0	0	0	2	2	2	1	0	0	1	0	0	1	0	0	1	1	1	0
2	0	3	0	0	1	0	0	2	2	2	0	1	0	0	1	0	1	1	0	1
3	0	0	3	0	0	1	0	0	1	0	2	2	2	0	0	1	1	0	1	1
4	0	0	0	3	0	0	1	0	0	1	0	0	1	2	2	2	0	1	1	1

表 4·5　広告回数と広告効果

x_i \ $f_j(x_i)$	$f_1(x_1)$	$f_2(x_2)$	$f_3(x_3)$	$f_4(x_4)$
0	0	0	0	0
1	2	1	5	3
2	7	6	8	4
3	5	10	4	4

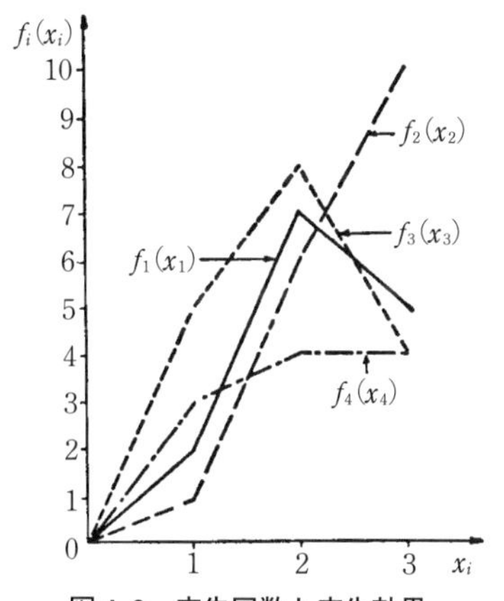

図 4·3　広告回数と広告効果

ますが，直線的な増大ではありません．したがってこの場合にはLPは使用することができません．このようなときに用いられるのがDPです．

DPモデルを適用する場合には，問題を次のように段階に分けて1段階ずつ解いてゆきます．すなわち，まず3回の広告を2つの雑誌に配分する問題を考え，次に3つの雑誌への配分を，そして最後に4つの雑誌へ配分する問題を解いてゆきます．そこでまず2つの雑誌の場合を考えましょう．

いま2つの雑誌の広告効果が独立であり，そして加法的である（全体の効果を求めるにはそれぞれの効果を加え合わせれば

表 4·6　2 つの雑誌への配分

雑誌2 ＼ 雑誌1	x_1	0	1	2	3
	$f_1(x_1)$	0	2	7	5
x_2	$f_2(x_2)$				
0	0	**0**	**2**	**7**	5
1	1	1	3	8	
2	6	6	8		
3	10	**10**			

よい）としますと，雑誌 1 と雑誌 2 について表 4·6 のように効果を求めることができます．

表 4·6 の中でゴシック体の数字 0，2，7，および 10 は，それぞれ 0 回，1 回，2 回および 3 回の広告を雑誌 1 と雑誌 2 に配分したときの最大の効果を表わしており，これらの数字は右上から左下の方向の斜めの線の上の数字の中の最大値となっています．たとえば，ちょうど 3 回の広告を雑誌 1 と雑誌 2 に配分したときの最大の効果は，$f_1(0)+f_2(3)=10$，$f_1(1)+f_2(2)=8$，$f_1(2)+f_2(1)=8$，$f_1(3)+f_2(0)=5$ の中での最大値，すなわち 10 ということになります．同じように 2 回の広告を 2 つの雑誌に配分したときの最大の効果は，$f_1(0)+f_2(2)=6$，$f_1(1)+f_2(1)=3$，$f_1(2)+f_2(0)=7$ のうちでの最大値，すなわち 7 です．

このような関係を数式で表わすことにしますと，たとえば 3 回の広告を 2 つの雑誌に配分したときの最大の効果を $F_2(3)$ と書きますと，

$$F_2(3)=\max_{0\leqq x\leqq 3}\,[f_1(x)+f_2(3-x)] \qquad (4.33)$$

となります.* もっと一般的に A 回の広告を 2 つの雑誌に最適に配分したときの効果は，

$$F_2(A)=\max_{0\leqq x\leqq A}[f_1(x)+f_2(A-x)] \qquad (4.34)$$

と表わすことができます．この記号を用いると，表4·6は，$F_2(0)=0$，$F_2(1)=2$，$f_2(2)=7$，$F_2(3)=10$であることを示しています．

さて次に雑誌3を追加して3つの雑誌への配分を考えてみましょう．この場合には，問題は雑誌3に0回，1回，2回または3回の広告をし，それぞれの場合に残りの広告を雑誌1および（または）雑誌2に配分するというように考えることができます．ところで，雑誌1および雑誌2への最適配分は表4·6ですでにわかっているので，それを用いて表4·7をつくることができます．

表4·7でも最適配分の場合はゴシック体の数字で，それは

$$F_3(A)=\max_{0\leqq x\leqq A}[F_2(x)+f_3(A-x)] \qquad (4.35)$$

の，$A=0$，1，2，および3に対する値です．すなわち，$F_3(0)=0$，$F_3(1)=5$，$F_3(2)=8$，$F_3(3)=12$です．

全く同じようにして，4つの雑誌の場合を考えたものが表

表4·7　3つの雑誌への配分

雑誌3 ＼ 雑誌1 2	x	0	1	2	3
	$F_2(x)$	0	2	7	10
$A-x$	$f_3(A-x)$				
0	0	0	2	7	10
1	5	**5**	7	**12**	
2	8	**8**	10		
3	4	4			

*　$\max_{0\leqq x\leqq 3}$〔………〕はxが0と3の間の値をとるときの〔　〕内の式の最大の値を表わす記号です．

表 4·8　4 つの雑誌への配分

雑誌 4 ＼ 雑誌 1, 2, 3	x	0	1	2	3
	$F_3(x)$	0	5	8	12
$A-x$	$f_4(A-x)$				
0	0	0	**5**	**8**	**12**
1	3	3	**8**	11	
2	4	4	9		
3	4	4			

4·8 です．

$$F_4(A)=\max_{0\leqq x\leqq A}[F_3(x)+f_4(A-x)] \qquad (4.36)$$

を計算した結果はゴシック体の数字で，それぞれ，$F_4(0)=0$，$F_4(1)=5$，$F_4(2)=8$，$F_4(3)=12$ となっています．

以上から，結局 3 回の広告を 4 つの雑誌に最適に配分したときに得られる利益は $F_4(3)=12$ であり，それは表 4·8 から雑誌 4 に 0 回配分することがわかり，表 4·7 から雑誌 3 に 1 回，表 4·6 から雑誌 2 に 0 回，雑誌 1 に 2 回配分すればよいことがわかります．

この問題はもっと一般的には，n 種類の雑誌に合計 A 回の広告を出す場合の最適な組み合わせを求める問題です．それは数学的には次の方程式を解くことになります．

$$F_n(A)=\max_{0\leqq x\leqq A}[F_{n-1}(x)+f_n(A-x)] \qquad (4.37)$$

（ただし，$n=2, 3, \cdots ; F_1(x)=f_1(x)$）

これまでの説明から推測できるように，この方程式は逐次的に解かれることになり，そしてまた関数は連続であることも線形であることも必要ではありません．

しかし，いまの場合は DP の方法を用いなくても 20 とおりの配分方法のすべてについて純利益を計算することにより，最

表 4·9　広告の出し方と効果

出し方 ＼ 雑誌	1	2	3	4	5	6	7	8	9	10	11	12	13	14	15	16	17	18	19	20
1	5	0	0	0	7	7	7	2	0	0	2	0	0	2	0	0	2	2	2	0
2	0	10	0	0	1	0	0	6	6	6	0	1	0	0	1	0	1	1	0	1
3	0	0	4	0	0	5	0	0	5	0	8	8	8	0	0	5	5	0	5	5
4	0	0	0	4	0	0	3	0	0	3	0	0	3	4	4	4	0	3	3	3
	5	10	4	4	8	12	10	8	11	9	10	9	11	6	5	9	8	6	10	9

適な配分を見出すこともできます．表 4·9 がその結果ですが，前の DP による解と一致していることがわかるでしょう．

しかし，現実の問題になれば広告の回数や媒体の数はずっと多くなるでしょうから，可能な配分方法は非常に多くなり，そのすべての場合について利益を計算することは実際上不可能になります．これに対して DP の方法を用いれば，各段階ごとに最適解を求め，そして次の段階へすすんでゆけばよいことになります．このように DP は多段階の問題を取り扱うのに非常に有用かつ弾力的であり，この例のように確定条件下の問題だけでなく，不確定性を含む場合にも適用することができるのです．

【DP の一般的解説】

一般的には，DP の問題は次のように表わすことができます．いま次のような任意な関数を考えます．

$$V(x_1, x_2, \cdots\cdots, x_n) = f_1(x_1) + f_2(x_2) + \cdots\cdots + f_n(x_n)$$

$$\left(\text{ただし，} x_i \geqq 0 \text{ で } \sum_{i=1}^{n} x_i = X \text{ とする} \right) \qquad (4.38)$$

問題はこの V を最大にするような $x_1, x_2, \cdots\cdots, x_n$ を求めることです．このように問題は n 個の変数を含んだ最大化の問題ですが，DP の方法はこれを 1 回のステップで解くのではなく，n 回の段階に分け，それぞれの段階ではそれぞれただ 1 つの変数しか含まれないようにするのです．

ここで注意しなければならないのは，Vの最大値はXとnとの両方に依存していることです．そこで次のような記号を導入します．

$$G_m(X)=\max V(x_1, x_2, \cdots\cdots, x_m) \tag{4.39}$$
$$\left(\text{ここで，}\ m=1, 2, \cdots\cdots, n\ ;\ x_i \geqq 0\ ;\ \sum_{i=1}^{m} x_i = X\right)$$

また各 i に対して，$f_i(0)=0$ ならば $G_m(0)=0$ ($m=1, 2, \cdots\cdots$) であり，また $X \geqq 0$ に対して，$G_1(X)=f_1(X)$ です．

(4.39) の記号を用いると，DP の基本的な関数方程式は

$$G_m(X)=\max_{0 \leqq x_m \leqq X}\left[f_m(x_m)+G_{m-1}(X-x_m)\right] \tag{4.40}$$

で与えられます．そしてこのような関係を**ベルマン**（R. E. Bellman）の**最適性原理**は次のようにいい表わしています．

「最初の状態および最初の決定がどうあっても，その残りの決定は最初の決定の結果生じる状態に関して最適政策になっていなければならない．」

(4.40) はXとmとが与えられればx_mというただ1つの変数の値を決定するための方程式であり，このような関係式が順次解かれることによってn個の変数についての最適化問題が解かれることになるのです．

5　待ち行列問題とシミュレーション

§16　待ち行列問題とは何か

【待ち行列問題の基本的性格】

待ち行列――これは私たちが日常経験する茶飯事で，切符売り場，バスの停留所，医院の待合室，理髪店など，数えあげるときりがないほどです．このような常識的な意味での待ち行列は，人間が列をつくって，あるいはかたまって待っていることを指していますが，しかしどうしてこのような待ち行列ができるのかと考え，問題の本質をつきつめてゆくと，待ち行列はなにも人間が並んで待つということにかぎらず，ひろく一般に存在することがわかります．

企業の内部に目を転じますと，生産ラインの途中で列をなし，あるいは山と積まれている仕掛品，受け入れ処理を待っている原材料，修理されるのを待っている故障した機械，部長の机の上の未決の箱にある書類の山など，ボトルネック，混雑によって仕事がたまるということはつねに起こっています．

これは，設備や人の能力が，その果たすサービスに対する需要をこなしきれず，そのサービスの需要者（以下これをお客ということにします）で需要の満たされないものがたまってゆくという現象です．サービスは，あるときには生産であり，あるときには修理作業であり，またあるときは事務処理であるというように，さまざまなものがあるでしょう．いずれにしても満たされない需要者のつくる列を待ち行列と考えることができます．このように，人間にかぎらず，製品，仕掛品，機械，書類などの待ち行列を考えると，**待ち行列問題**の存在範囲は非常に広いことがわかります．

このようなサービス能力の不足，ボトルネックから生じる待ち行列に対して，逆に能力の遊休ということも珍しくない現象です．サービスを供給する人や設備が遊んでいてお客がくるのを待っているという状態です．空回りをしている生産ライン，修理する故障機械がなくて遊んでいる修理工，処理する書類が途切れた事務員などです．日常生活では，お客がなくて手もち無沙汰の医者，店の売り子，食堂のウェイトレスなどの状態がそれです．

ところで，このような能力のボトルネックもまた遊休能力もどちらも，何らかの費用を発生させます．ボトルネックはお客を待たせることに伴う費用を発生させます．この費用は，仕掛品がふえるための費用（在庫費用）であったり，故障した機械が遊んでしまう費用であったり，事務が停滞するために発生する損失であったり，時によりさまざまです．また，「待ち切れない」お客がほかへ逃げてしまうための損失であったり，お客の「信用」をなくすという損失であったりします．これに対して，能力の遊休が費用を発生させることは説明するまでもないことでしょう．

問題は，これら２つの費用，すなわち**ボトルネック費用**と**遊休費用**とが相対立する性格をもっていることにあります．いいかえると，これら２つの費用は，一方を減らそうとすればもう一方は必ずふえてしまい，両方を同時に減らすということは不可能であるということです．ボトルネック費用を減らすためにはサービス能力を大きくすればよいわけですが，しかしそれでは能力の遊休割合がふえて，遊休費用は大きくなってしまいます．また，遊休費用を小さくするにはサービス設備能力を小さくすればよいわけですが，しかしそうするとお客の待ちが多くなって，ボトルネック費用はふえてしまうのです．

そこで，問題の基本的性質はこれら２つの相反する費用の合計をできるだけ小さくするには，サービス能力をどのように設計すればよいかということになります．

このような問題は具体的にはいろいろなかたちで現われます．たとえば「熱処理部門には何台の炉をおけばよいか」「機械の修理工を何人雇っておけばよいか」「伝票処理に何人の人をおいたらよいか」「婦人服売り場に何人の店員をおいたらよいか」などです．

このような問題は，これまで多くはカンや試行錯誤によって処理されてきました．しかしこの種の問題を有効に解決するためには，確率論の知識に基づいた理論が必要なのです．この分野では常識的な答があてにならないことが特に多いのです．

そこで，このような待ち行列問題と，それに用いられる数学的方法の一端を垣間見るために，次のようなバスの待ち合わせの問題を考えてみましょう．

いまバスが規則的な時間間隔，たとえば 10 分間隔で運行されているとします．停留所に時間をはからず全くでたらめに乗客がくるとすれば，平均して 1 人の乗客が待たねばならない時間は 10 分の半分，すなわち 5 分ということになります．しかし，たとえば交通混雑のため，平均 10 分間隔ではあるがバスの方も全くでたらめにくるとしたらどうなるでしょうか．その答は，お客の平均待ち時間は 10 分，すなわちお客は平均して前の倍も長く待たなければならなくなるのです.* しかもそのうえ，バスは非常に混んだり，非常に空いてしまったりするということも起こるのです．

【カンや試行錯誤は高くつく】

以上で待ち行列問題の性格と計算の一端が明らかになったと思いますので，次にこのような問題をカンや試行錯誤によって解こうとすることが高価なものにつくことを示した例をあげてみましょう．

ある工場で，工具置き場を 1 人の工具係に管理させていました．工員は 10 分に 9 人の割合で不規則に工具置き場にやってきました．工具係は 1 人の工員にサービスするのに平均 1 分を要しました．工具置き場はいつも混んでいるので，待ち行列の長さを調べてみると平均約8人でした．そこで，工員が並ぶ時間を減らすために，工具置き場を別に2つふやすことにしました．

すると，待ち行列は全くなくなりました．すなわち2人の工具係をふやすことにより，8人の工員の時間を節約できたのです．しかし，増設した2つの置き場の工具係は，それぞれ1日の70%は遊んでしまうという結果になりました．そこで1つは閉鎖して，そこの工具係はほかの仕事に移すことにしました．その結果，平均の待ち行列は0から0.37人になりました．いいかえると，0.37人の工員の生産時間を犠牲にして，1人の工具係を減らすことができたのです．

しかし，2つの工具置き場を別々のところにしたため，一方には工員の待ち行列があるのに，もう一方の工具係はひまであるというようなことがありました．そこで工具置き場を1つにして，そこに2人の工具係をおいたところ，2人の工具係は前

前頁* いま平均T分間隔で，しかし全くでたらめにバスがくる場合を考えてみます．1分刻みでものを考えることにして，あるお客が停留所についてから1分遅れてバスがくる確率は$1/T$です．2分遅れてバスがくる確率は，$\left(1-\frac{1}{T}\right)\times\frac{1}{T}$です．これは，はじめの1分でバスがこない確率$\left(1-\frac{1}{T}\right)$に，次の1分でバスがくる確率を掛けたものです．全く同じように考えて，3分遅れてバスがくる確率は，$\left(1-\frac{1}{T}\right)\times\left(1-\frac{1}{T}\right)\times\frac{1}{T}$となります．一般に，$n$分遅れてバスがくる確率は$\left(1-\frac{1}{T}\right)^{n-1}\times\frac{1}{T}$です．

したがって，平均的に何分遅れてバスがくるかは，$1\times\frac{1}{T}+2\times\left(1-\frac{1}{T}\right)\times\frac{1}{T}+3\times\left(1-\frac{1}{T}\right)^2\times\frac{1}{T}+\cdots\cdots+n\times\left(1-\frac{1}{T}\right)^{n-1}\times\frac{1}{T}+\cdots\cdots$で計算され，これは$T$となります．

よりも余計に働くことなしに，平均待ち行列は 0.23 人と短くなりました．

この例は，いろいろと試行錯誤を繰り返してしだいによりよい方向に事態を改善した例です．しかし，この問題は待ち行列の理論についてごく初歩的な程度の知識でもあれば，試行錯誤の過程で発生した余分の費用なしで解決できたはずのものです．

【シミュレーションで解いた例】

待ち行列理論を実際に適用した 1 つの古典的な例を，イギリス鉄鋼連盟の OR チームによる鉄鉱石船用のドック施設の設計問題の研究に見ることができます．鉄鉱石船が港に着いたとき，それが荷おろしのためにドックにはいることができるためには，その船に合った適当な種類のドックが空いていることと，潮位が適当な高さにあることが必要です．そこで，荷おろしが完了して，しかもそのときの潮位が適当な高さであれば，船はドックから出て次の船にドックをあけ渡すことができます．

ここでの基本的な問題は，非常に金のかかるドック設備に出るかもしれない遊び時間と，ドック設備が十分でないために船が港の外で待たなければならないかもしれない時間との間で，経済的均衡をとることです．これは典型的な待ち行列問題です．しかし，多くの考えなければならない要素があるために，この待ち行列問題は数学的方法では解くことができず，実際にはシミュレーションの方法で解かれました．シミュレーションについては後の §18 であらためて説明します．

§17　待ち行列の分析

【待ち行列問題の要素】

以上で待ち行列問題とは何かということがほぼ明らかになったと思います．そこで，次に待ち行列の理論の内容に少し立ち

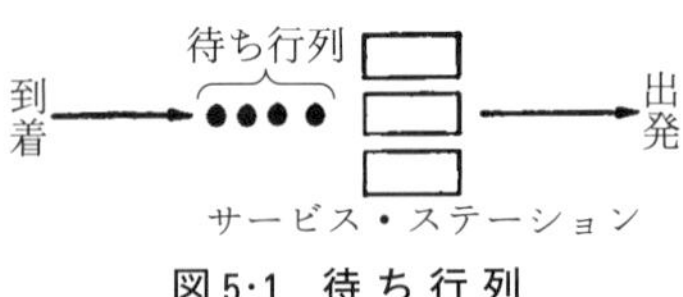

図5·1　待ち行列

入って説明しましょう．

一般的にいって，待ち行列の問題は，(1)「お客」の到着，(2)サービス時間，(3)サービス・ステーション（窓口・設備）の数，(4)待ち行列の規則，の4つの要素によって特徴づけられます．そこで，これらの4つの要素について説明しましょう．

(1)「お客」の到着

まず第1に，サービスを求める「お客」がサービス窓口に到着する仕方が問題になります．この到着は，時には一定時間間隔で規則的であることもありますが（たとえば約束制の病院など），多くの場合不規則であり，何らかの確率分布のかたちでその法則性がつかまえられなければなりません．この確率分布は，ある一定時間間隔内に到着する「お客」の数の分布（表5·1），あるいは到着時間間隔の分布（表5·2）のかたちをとります．

表5·1　到着する「お客」の数の分布

（単位：%）

1時間の間に到着する「お客」の数	時間の割合	時間の累積割合
0	49	49
1	35	84
2	12	96
3	3	99
4以上	1	100
計	100	—

表5·2　到着時間間隔の分布

（単位：%）

「お客」の到着時間間隔	到着数の割合	到着数の累積割合
0〜 3.9時間	86	86
4〜 7.9	9	95
8〜11.9	4	99
12〜	1	100
計	100	—

表5·1では，たとえば1時間の間に2人の「お客」が到着することは100時間のうち12時間の割合であり，また1時間の間に到着する「お客」が2人以下であるのは100時間のうち96時間の割合であることが示されています．また表5·2では，たとえば100人の「お客」のうち9人は前の「お客」が到着してから4時間以上8時間未満の間に到着すること，また100人のうち95人は前の「お客」の到着後8時間未満の間に到着することが示されています．

(2)　サービス時間

待ち行列問題の特性を表わす第2の要素は，サービスを行なうのに必要な時間の長さです．ある場合には，この時間の長さは一定ですが，しかし多くの場合，要求されるサービスの質が違ったり，あるいは不規則な影響があったりして，サービス時間は変動するのが普通です．したがって，サービス時間についても到着の場合と同じように確率分布を考えることができます．表5·3はサービス時間の分布の1つの例を示したものです．この表によれば，たとえばサービス時間が1時間以上2時間未満のお客の割合は100人のうち10人であり，またサービス時間が2時間未満であるお客の割合は100人のうち18人で

表5·3　サービス時間の分布

（単位：%）

サービス時間	サービスされる「お客」の割合	サービスされる「お客」の累積割合
0～0.99時間	8	8
1～1.99	10	18
2～2.99	60	78
3～3.99	17	95
4以上	5	100
計	100	—

あることがわかります．

(3)　サービス・ステーションの数

次に問題になるのは，サービスの窓口がいくつあるかということです．たとえば，切符売り場でいえば窓口の数，機械修理の問題では修理工の数がそれです．

(4)　待ち行列の規則

最後に，待ち行列の中にいる「お客」がどのような順序でサービスを受けるかということに関する規則があります．普通，「お客」は到着順に待ち行列をつくり，その順にサービスを受けますが（これを first-in first-served ; FIFS といいます），そのほかの規則もあります．たとえば，管理者が書類に目を通す場合に，未決の箱に到着順に書類が積まれているのを上から順番に見るとすると，最後に到着したものが最初に目を通されるということになります（last-in first-served ; LIFS)．また，ある種の特性をもった「お客」は優先的にサービスを受けるという場合もあり，待ち行列をつくらずにたまりとなっていて，その中からランダムにサービスを受けるという場合もあります．

これは到着の仕方に含めた方がよいでしょうが，「お客」が行列に加わる場合にもいろいろな場合があります．たとえば待ち行列の長さが非常に長いとあきらめてやめてしまう場合や，逆に行列が長ければ長いほど「おれも並んでみよう」という野次馬的な行列の場合には，待ち行列の長さによって「お客」の到着が変わってくることになります．また，ある時間待たされるとがまんができなくなって行列から離れてしまう「お客」があるという場合も考えられます．

以上のような待ち行列問題の要素は，それぞれいろいろなかたち，あるいは値をとる場合がありますから，それらの組み合わせとしての待ち行列問題のタイプには非常に多くのものがあります．待ち行列の理論はこのような数多くのタイプについての分析の集まりであるといえます．

【待ち行列問題の分析と応用】

以上のような待ち行列の分析の性格をよりよく理解し，またその広い応用の可能性を知るために，１つの単純化された例として機械製造工場の場合をとりあげてみましょう．この工場は受注生産を行なっており，受注が「お客」の到着に当たり，生産がサービスに相当すると考えることができます．いまこの工場の１つの部門の操業を待ち行列問題として考え，前項で説明した４つの要素について次のように仮定してみます．

(1)「お客」の到着（受注）

注文は平均して１ヵ月に 10 台の割合ではいってきます．しかしそれぞれの注文のはいってくる日時は不規則であり，正確には予測できません．したがって１ヵ月間の受注台数にはいろいろな場合があるわけですが，平均すると１ヵ月に 10 台の受注があるということです．

このような場合に受注台数の確率分布を表わすものとして**ポワソン分布**というものがよく用いられます．いま１ヵ月間の受注台数を x で表わしますと，x は $0, 1, 2, 3, \cdots\cdots$ と正の整数のいろいろな値をとることになりますが，その確率が，

$$f(x)=\frac{e^{-\lambda}\lambda^{x}}{x!}\quad ただし，x=0,1,2,3,\cdots\cdots \quad (5.1)$$

という式で表わされるとき，x はポワソン分布をするといいます．ここで定数 e ($=2.71828\cdots\cdots$) は自然対数の底で，λ は x の平均値です．いまの場合，受注台数 x の平均は 10 台ですから，(5.1) は

$$f(x)=\frac{e^{-10}10^{x}}{x!}\quad ただし，x=0,1,2,3,\cdots\cdots (5.2)$$

となります．表 5·4 はこの確率の値を示したものです．ここで $x=2$ 以下，あるいは $x=20$ 以上はほとんど確率はゼロです．このようにポワソン分布に従って「お客」が到着することを

表 5·4　平均値 10 のポワソン分布

x	$f(x)$
3	0.01
4	0.02
5	0.04
6	0.06
7	0.09
8	0.11
9	0.13
10	0.13
11	0.11
12	0.10
13	0.07
14	0.05
15	0.03
16	0.02
17	0.01
18	0.01
19	0.01
計	1.00

ポワソン到着といいます．

(2)　サービス時間（生産時間）

この部門の受注する機械はいろいろと製造仕様が違い，それぞれの機械の所要生産時間はそれに応じて異なります．この違いも不規則ですが，しかし平均的には現存の設備で 1 台の生産に要する時間は 1/11ヵ月です．いいかえると，現在の設備の能力は平均して 1ヵ月に 11 台生産できる（1ヵ月に 11 人の「お客」にサービスできる）ということです．個々の注文品の所要生産時間は不規則に変動しますから，次にはいってくる注文品の所要生産時間を前もって正確に予測することができないことは受注台数の場合と全く同様です．

このような所要生産時間の**確率分布**は，多くの場合**指数分布**と呼ばれる分布で表わされます．いま所要生産時間を t（t は月単位ではかるとします）としますと，その確率密度が

$$g(t)=\mu e^{-\mu t} \qquad ただし，t>0 \tag{5.3}$$

で表わされるとき，t は指数分布に従うといいます．指数分布は図にかくと図 5·2 のようになり，生産時間 t が a と b との間にある確率は図の斜線の部分の面積で表わされます．ここで μ は t の平均値の逆数です．いいかえると $1/\mu$ が t の平均値です．いまの場合，$1/\mu=1/11$ ですから，$\mu=11$ です．したがって (5.3) は，

$$g(t)=11e^{-11t} \qquad ただし，t>0 \tag{5.4}$$

となります．別の見方をすると，μ は単位時間（いまの場合

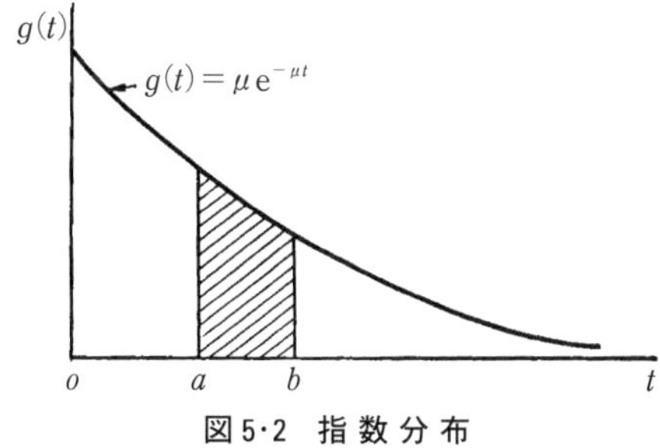

図5·2　指数分布

1ヵ月）当たりの生産率（一般にはサービス率）で，この例では1ヵ月の生産能力11台がμに対応します．このようにサービス時間が指数分布に従うとき，**指数サービス**と呼ばれます．ポワソン到着・指数サービスの待ち行列は最も基本的な待ち行列の問題とされています．

(3)　サービス・ステーションの数

いまの場合，サービス・ステーションの数は1であると考えます．すなわち同じものを工場の他の部門で生産しておらず，またこの部門では同時に2台以上の生産を行なうことはできないとします．

(4)　待ち行列の規則

受注品は受注の順序に生産されるとします．そして特急品など優先権をもったものの割り込みはなく，また受注残の高水準（長い待ち行列）のために新規の受注が少なくなったりする（「お客」が行列に加わらずに立ち去る）こともなく，受注の取り消し（行列中の「お客」の離脱）もないとします．

以上はポワソン到着・指数サービス・単一窓口・FIFSという最も基本的な待ち行列問題ですが，これについては次のような興味のある結果を導き出すことができます．まず記号を次のように決めましょう．

n：生産中および待ち行列中の注文の数，すなわち受注残．したがって $n-1$ が待ち行列中の注文の数．

$p(n)$：n の確率分布．

受注台数 x は確率変数であり，生産時間 t も確率変数ですから，受注残 n も確率変数であるのは当然です．

ところで，この n の確率分布 $p(n)$ は，$\lambda/\mu<1$ ならば次のようになることが証明されます．

$$p(n)=\left(1-\frac{\lambda}{\mu}\right)\left(\frac{\lambda}{\mu}\right)^n \tag{5.5}$$

この式が基本になって次のようないろいろな結果が得られます．

まず第 1 にこの部門が遊休することは $n=0$ ということですから，その確率は

$$p(0)=1-\frac{\lambda}{\mu} \tag{5.6}$$

となります．次に受注残の平均は (5.5) から次のように $E(n)$ を計算することによって求められます．

$$E(n)=\sum_{n=0}^{\infty}np(n)=\sum_{n=0}^{\infty}n\left(1-\frac{\lambda}{\mu}\right)\left(\frac{\lambda}{\mu}\right)^n$$

$$=\frac{\lambda}{\mu-\lambda} \tag{5.7}$$

1 つの注文を受けてからそれが生産されて出荷されるまでの時間（納期），すなわちお客の待ち時間を w としますと，その平均値は

$$E(w)=\frac{1}{\mu-\lambda} \tag{5.8}$$

となることが証明されます．また n の累積確率分布 $P(n)$，すなわち受注残が n 台以下である確率は，

$$P(n)=\sum_{i=0}^{n}p(i)=\sum_{i=0}^{n}\left(1-\frac{\lambda}{\mu}\right)\left(\frac{\lambda}{\mu}\right)^i$$

$$=1-\left(\frac{\lambda}{\mu}\right)^{n+1} \tag{5.9}$$

となります．

さて，以上のような理論的分析の結果の応用について考えてみましょう．上例では$\lambda=10$，$\mu=11$ですから，まず受注残nの確率分布は，

$$p(n)=\left(1-\frac{10}{11}\right)\left(\frac{10}{11}\right)^n=\frac{1}{11}\left(\frac{10}{11}\right)^n \tag{5.10}$$

となります．そこでこの部門が遊休する確率を求めますと，

$$p(0)=1-\frac{10}{11}=\frac{1}{11} \tag{5.11}$$

となります．また，平均受注残は(5.7)から，

$$E=\frac{10}{11-10}=10\ (\text{台}) \tag{5.12}$$

そして平均納期は(5.8)から，

$$E(w)=\frac{1}{11-10}=1\ (\text{ヵ月}) \tag{5.13}$$

であることがわります．

以上の結果は私たちの直観的判断と一致するものであることが確められるでしょう．もし平均生産率μが大となれば，(5.7)から平均受注残は減少し，(5.8)から平均納期は縮まることがわかりますが，他方(5.6)からこの部門が遊休する確率は大きくなることがわかります．そこで問題の所在が，設備の遊休時間と「お客」へのよいサービスとの間のバランスをとることにあることがはっきりとします．

次に，以上の結果を設備に関する意思決定に応用することを考えてみましょう．

平均生産率は設備や人員の大きさを変えることにより，高めたり低めたりすることができます．注文の到着率は工場経営者にとっては普通動かすことのできないものですから，問題は平

均生産率をどのように決めるかということになるでしょう．いまこの例で，平均生産率に関して次のような3つのやり方が考えられるとします．

(1) 現在の設備のままで続ける．この場合の平均生産率は $\mu_1=11$ である．
(2) 新機械 A を購入し，平均生産率を $\mu_2=13$ に高める．ただし，この機械の年費用は $AC(A)=800{,}000$ 円である．
(3) 新機械 B を購入し，平均生産率を $\mu_3=15$ に高める．ただし，この機械の年費用は $AC(B)=1{,}000{,}000$ 円である．

そして次のように記号を定めます．

C_{Ii}：i 番目のやり方をとったときにこの生産部門が1ヵ月遊休したときの費用（以下の数値例ではどのやり方をとってもこの費用は変わらないとし，$C_I=500{,}000$ 円とします）．$i=1,2,3$.

C_w：1つの注文の納期が1ヵ月遅れることの費用（「お客」を1ヵ月待たせることの費用．数値例では $C_w=30{,}000$ 円とします）．

$E(TC_i)$：i 番目のやり方をとったときの平均年費用総額．ただし，1番目のやり方をとったときの総費用との差額で表わします．したがって，$E(TC_1)=0$．$i=1,2,3$.

このとき，それぞれのやり方の平均費用（期待費用）は，代数式では次のようになります．

$$E(TC_1)=0 \tag{5.14}$$

$$E(TC_2)=AC(A)+12\left\{C_{I2}\left(1-\frac{\lambda}{\mu_2}\right)-C_{I1}\left(1-\frac{\lambda}{\mu_1}\right)\right\}+12\lambda C_w\left(\frac{1}{\mu_2-\lambda}-\frac{1}{\mu_1-\lambda}\right) \tag{5.15}$$

$$E(TC_3)=AC(B)+12\left\{C_{I3}\left(1-\frac{\lambda}{\mu_3}\right)-C_{I1}\left(1-\frac{\lambda}{\mu_1}\right)\right\}$$

$$+12\lambda C_w\left(\frac{1}{\mu_3-\lambda}-\frac{1}{\mu_1-\lambda}\right) \qquad (5.16)$$

この (5.14)～(5.16) に数値例の数値を代入すると,

$$E(TC_1)=0$$

$$E(TC_2)=800{,}000+12(500{,}000)\left\{\left(1-\frac{10}{13}\right)-\left(1-\frac{10}{11}\right)\right\}$$
$$+12(10)(30{,}000)\left(\frac{1}{13-10}-\frac{1}{11-10}\right)$$
$$=-760{,}839\ (円)$$

$$E(TC_3)=1{,}000{,}000+12(500{,}000)\left\{\left(1-\frac{10}{15}\right)-\left(1-\frac{10}{11}\right)\right\}$$
$$+12(10)(30{,}000)\left(\frac{1}{15-10}-\frac{1}{11-10}\right)$$
$$=-425{,}455\ (円)$$

となります．TC_2 と TC_3 のどちらも期待値が負になっているのは，(1)のやり方に比較して(2)および(3)のやり方の方がともに平均総費用が少なくてすむということを意味していますが，中でも(2)のやり方，すなわち機械 A を購入するのが最もよいことがわかります．すなわち，(1)に比べて，(2)のやり方は 76 万円の節約，(3)のやり方は 43 万円の節約となります．

ところで，上の計算で用いられた C_w（納期遅れの費用）や C_I（設備遊休の費用）はその測定や評価が困難であることがしばしばあります．このような場合には費用の測定や評価を避けて意思決定を行なうことも考えられます．その場合には，平均総費用を最小にするという決定基準をとることはできませんが，他の基準を考えることができます．例を 1 つあげれば，設備の遊休割合をある一定水準 C 以下に押えたいという要求を考えることができます．このような場合にも待ち行列問題の分析の結果を利用することができるのです．すなわち，(5.6) を利用して,

表 5·5　設備政策とその結果

設　　備	追加投資の年費用	設備遊休割合	平均納期
現在のまま	0（千円）	9（%）	1（ヵ月）
機械A導入	800	23	0.33
機械B導入	1,000	33	0.2

$$1-\frac{\lambda}{\mu}\leqq C \qquad (5.17)$$

が成立するような能力μをもつ設備に決めればよいことになります．このほかにも平均納期がある日数を越えないようにしたいと考えることもでき，その場合には (5.8) が利用できます．

また，いろいろと可能なやり方についてそれぞれの場合に予期される結果を表示し，それを経営者に示して意思決定の助けとするのがよいと思われます．上の問題例では，結果表として表 5·5 のようなものが考えられるでしょう．このような表をもとにして，経営者はどの政策をとるかを決定することになります．

§18　シミュレーション

【シミュレーションの必要性】

待ち行列の問題は前節の例題の場合のように，簡単なものであることはほとんどありません．このような問題において，基本的なデータは，到着およびサービス時間の分布ですが，これらの分布のかたちには非常に多くの種類のものがあります．ある場合には，前節の例におけるように，分布のかたちを正確に記述する方程式があって，それをもとにしていろいろな結果を解析的に導き出すことができます．たとえば，待ち行列の長さの分布，その平均値，待ち時間の分布，平均待ち時間などを解析的に求めることができます．このような場合には問題は解析的に解くことができるといわれます．

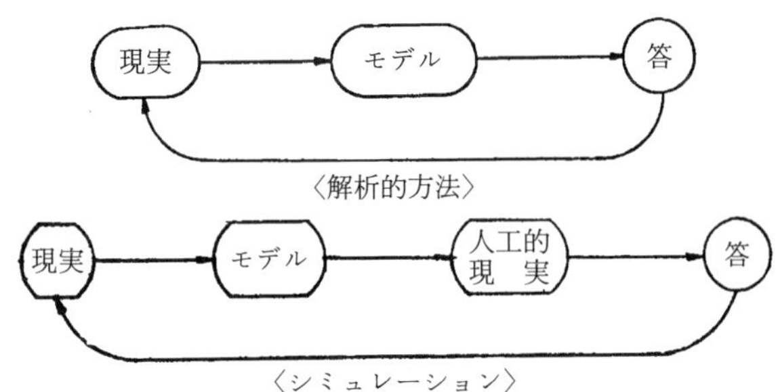

図 5·3　解析的方法とシミュレーションの比較

けれども，到着やサービス時間の分布を十分正確に記述する方程式が見つからない場合も多くあります．また，そのような方程式があっても，それが複雑なものであるために，問題を解くのにそれを用いることが非常に困難であるか，または不可能なことすらあります．しかし，このような場合でも問題を解くことはできます．それは，解析的方法とは別の方法，すなわちシミュレーション（simulation）によってです．

シミュレーションは一言でいえばモデルを使って行なわれる実験のことです．すなわち，現実についてではなく，現実の何らかのモデルについて実験を行ない，その結果から問題解決のためのできるだけよい方策を探し出そうというものです．

そこでシミュレーションでは，モデルについての実験から現実がいわば再生されることになりますが，この再生された現実はもちろん真の現実ではなく，人工的な現実です．そしてこの人工的な現実についての解が真の現実の問題の解として実際に適用されることになるわけです．図 5·3 はシミュレーションの考え方を解析的方法と対比させて示したものです．

【モンテ・カルロ・シミュレーション】

以上のようなシミュレーションの方法を待ち行列問題に適用しようとする場合には，客の到着とかサービスのような現実の確率的現象を再生することが問題になります．このとき用いられる方法が**モンテ・カルロ法**（Monte Carlo method）であり，それを用いたシミュレーションは**モンテ・カルロ・シミュレーション**と呼ばれます．

モンテ・カルロ法の性格とその利用法とを解説するために，いま次のように単純化された例を考えることにしましょう．

問題は30台ばかりの機械を動かしている1つの小さな工場での機械の修理作業が，1人の修理工をおいたときどの程度満足にできるかということです．修理工は修理する機械がなくてひまであることもありますが，また逆に2台以上の機械が短い間に次々に故障して，故障した機械が修理工の手のあくのを待っていることもあります．そこで工場長は，機械の最も経済的なメンテナンスには1人の修理工で十分かどうかに疑問をもって，彼のスタッフにこの問題を分析させることにしました．

表5·6　故障時間間隔の分布

故障時間間隔	度数割合	累積割合
10	5	5
11	14	19
12	19	38
13	22	60
14	17	77
15	8	85
16	5	90
17	5	95
18	4	99
19	1	100
計	100	—

表5·7　修理所要時間の分析

修理所要時間	度数割合	累積割合
8	3	3
9	4	7
10	11	18
11	22	40
12	19	59
13	16	75
14	11	86
15	7	93
16	4	97
17	2	99
18	1	100
計	100	—

工場長のスタッフは過去の記録から，次の表 5·6 および表 5·7 のようなデータを得ることができました．

これらの表と**乱数表**（0 から 9 までの数字が同じ 1/10 の確率で不規則に現われるようにつくられている表）とを用いてこの工場の機械修理作業のシミュレーションをモンテ・カルロ法で行なうことができます．そのためには，各故障時間間隔ないし修理時間間隔に対して適当に数字を割り当てて，乱数表から得られる数字の分布が表 5·6 あるいは表 5·7 の分布に平均的に一致するようにすればよいのです．すなわち，乱数表の数字を 2 桁ずつとることにし，表 5·8 および表 5·9 のように割り当てます．このとき各分布の累積度数割合を考えれば便利です．割り当てられた結果をみると，たとえば表 5·8 において故障時間間隔 12 時間に対しては 20 から 38 までの 19 個の数字が割り当てられていますが，乱数表においては理論上そのどこにおいても 00 から 99 までの 100 個の数字が同じ確率で現われるようになっていますから，乱数表からでたらめに選ばれた 1 つの 2 桁

表 5·8　故障時間間隔への乱数の割り当て

故障時間間隔	累積度数割合	乱　数
10	5	01—05
11	19	06—19
12	38	20—38
13	60	39—60
14	77	61—77
15	85	78—85
16	90	86—90
17	95	91—95
18	99	96—99
19	100	00

表 5·9　修理所要時間への乱数の割り当て

修理所要時間	累積度数割合	乱　数
8	3	01—03
9	7	04—07
10	18	08—18
11	40	19—40
12	59	41—59
13	75	60—75
14	86	76—86
15	93	87—93
16	97	94—97
17	99	98—99
18	100	00

の数字が 20 から 38 までのどれかである確率は 19/100 であり，これは表 5·6 における度数割合と一致するわけです．

そこで乱数表から数を抽出し，それを表 5·8 および表 5·9 により故障発生間隔および修理所要時間に変換することを続けることは，あたかも実際の故障が発生しそれが修理されてゆくのを観察しているのと同じであるように考えられます．表 5·10 はこのようにして求められた 20 回の故障発生とその修理時間についてのサンプルです．なおここでは，時刻 0 にまず故障が発生したものとして出発しています．

表 5·10　20 の故障と修理のモンテ・カルロ・サンプル

故障発生		修理	
乱数	故障発生間隔	乱数	修理所要時間
—	—	91	15
97	18	04	9
88	16	72	13
12	11	12	10
22	12	30	11
16	11	32	11
24	12	91	15
64	14	29	11
37	12	33	11
62	14	08	10
52	13	25	11
09	11	74	13
64	14	97	16
74	14	70	13
15	11	15	10
47	13	43	12
86	16	42	12
79	15	25	11
43	13	71	13
35	12	14	10

表 5·10 のような**モンテ・カルロ・サンプル**をもとにして修理作業のシミュレーションを考えることができます．いま修理工を 1 人おいた場合にどのようなことが起こるかを示したものが表 5·11 です．まず表 5·10 の故障発生間隔の数字を順に累積してゆけば，表 5·11 の故障発生時刻が得られます．

次に修理所要時間のサンプルを用いて，最初の故障から順々に修理開始時刻ならびに修理完了時刻を計算することができます．1 つの故障の修理開始時刻は，その故障の発生時刻にその直前の故障の修理がすでに終わっていれば故障発生時刻に等し

表 5·11　20 の故障発生と修理のシミュレーション

故障発生時刻	修理開始時刻	修理完了時刻	機械の待ち時間	修理工の遊び時間
0	0	15	0	0
18	18	27	0	3
34	34	47	0	7
45	47	57	2	0
57	57	68	0	0
68	68	79	0	0
80	80	95	0	1
94	95	106	1	0
106	106	117	0	0
120	120	130	0	3
133	133	144	0	3
144	144	157	0	0
158	158	174	0	1
172	174	187	2	0
183	187	197	4	0
196	197	209	1	0
212	212	224	0	3
227	227	238	0	3
240	240	253	0	2
252	253	263	1	—

く，もしその修理が終わっていなければ，その修理完了時刻に等しいことになります．このようにして計算された結果から，この20の故障サンプルについては機械の待ち時間の合計が11時間，修理工の遊び時間の合計が26時間となっています．

上のようなモンテ・カルロ・サンプリングは何回でも繰り返して行なうことができ，特にコンピュータを利用すればごく短時間の間に数多くのサンプリングとそれによるシミュレーションの計算をすることができます，そしてそのサンプリングの繰り返しが多くなるほど，サンプルの故障発生時間間隔や修理所要時間の分布は現実のそれに近くなってゆくでしょう．さらに表5·11のように修理工を1人おいた場合だけでなく，2人の場合，3人の場合……と計算を試み，結果を比較することができます．そしてそれに基づいて費用の比較を行ない，修理工の数は何人にしたら最もよいかを知ることができるのです．

以上のように，私たちはモンテ・カルロ法を用いることによってサービス設備の動きをシミュレートすることができます．到着時間とサービス時間の分布，サービス・チャンネルの数，および行列規則が与えられれば，ランダム・サンプリングによってその設備の操業についての人為的記録をつくり出すことができるのです．この記録は現実の操業状態の近似でしかありえませんが，サンプリングを数多く繰り返すことによってこの近似は現実に十分近くなると考えられます．したがって，待ち行列の平均的な長さ，平均待ち時間，サービス・チャンネルの平均遊休時間など，待ち行列問題の基本的な特性値が，設備の操業を記述する正確な方程式を利用できないとき，あるいは解析的な操作で求められないときでも計算できるのです．

このことに加えてモンテ・カルロ法はもう1つの長所をもっています．それは実験が可能になることです．モンテ・カルロ法では，待ち行列の諸要素のうちのコントロールできるものを動かし，その結果を評価することを試みることができます．たとえば，サービス・チャンネルの数をふやしたりしてみることができます．またサービス時間を長くしたり短くしたり，あるいは到着率や行列規則を変えたりすることができます．そして，これらの変化の結果は人為的操業記録に現われますから，その結果を評価することにより意思決定を行なうことができます．しかもコンピュータの使用により，このような実験は現実の操業時間に比べてきわめて短時間のうちに行なうことができるのです．

【シミュレーションの意義】

先にシミュレーションはモデルに対する実験だといいました．その実験の目的はいったい何でしょうか．ある場合にはモデルが表わしている現実のシステムの性質について研究を行なうことであり，ある場合にはモデルによって表わされる複雑な問題に対する解答を求めたいということでもあるでしょう．

しかし共通していえることは，実験が組織的な試行錯誤だということです．ORの観点からすれば，シミュレーションは複雑な問題を解くための1つの組織的な試行錯誤です．多くの経営の問題は非常に複雑であって，ただ1つの最良の答を求めることは実際上不可能です．このような状態のもとでは，問題の重要な要素の相互作用をコンピュータの上でシミュレートする（模擬する）ことによってよい答が得られるのです．そしてその“模擬”は現実のシステムよりもケタ違いに速いスピードで行なえるのが常です．

前例でも，現実の場ではきわめて長い時間に相当する疑似操業記録をつくり出すのに，コンピュータによるシミュレーションであれば数十秒とか数分という単位の時間でやってくれるでしょう．シミュレーションは，いろいろな行動方針の間の比較を行なうことを，また私たちにとって制御できないような事柄が私たちに対してもつ意味を評価することを，短時間に，しかも危険を全くおかさずに可能にしてくれます．

一般に，私たちはORの問題を解くのに，大きく分けて3つの方法をもっています．すなわち，(1)現実の設備・機械および人を使って実験を行なう，(2)現実についての数学的モデル（方程式）をつくり，それを数学的に解く，(3)シミュレーション実験を行なう，の3つです．

次に，これらの方法について，簡単にみてみましょう．

(1)　現実の設備・機械および人で実験を行なう

一般的にいっていかなる考えも，たとえそれが徹底的に研究されたとしても，現実に試してみるまでは正しいことが証明されたとはいえません．実際に試してみるということは，時にはそれが唯一の方法ですが，その半面大きな欠点をもっています．第1に，通常多くの余計な費用がかかり，また大きな混乱の生じる可能性もあって危険が大きいのです．実際このような実験の場合には，最適でない状態でかなり長期間を過ごさねばならないことから，余分な費用がかかるのです．また，次々にやり方を実際に変えてみる場合に，どうしても避けられない混乱もこの方法の欠点です．

しかし，実地におけるテストの最も大きな欠点は，結果の再現性が疑わしい場合が多いということです．すなわち，ある1つの方法をテストしたときと別の方法をテストしたときとでは通常，時期が異なるわけですから，その間に現実のシステムの条件の何か（たとえば前例で修理時間の分布）が変化してしまっている可能性があります．そのようなときには，異なるやり方の間の純粋な比較（条件の変化を考えに入れたうえでの）は非常に困難になってしまい，その困難を無視してあえて比較を行なえば，誤った結論を導いてしまう危険すらあります．統計的実験計画法はこのようなことを避けるよう工夫されているものですが，大きな経営の決定問題などになると，現実でのテストはできないことが多く，それに代わるべき方法が要求されます．

(2)　現実についての数学的モデルをつくり，それを数学的に解く

数学的方程式による分析はORにおいて中心的地位を占めるもので，必要な資料が利用でき，かつ解を解析的に求めることが可能な場合には，最も望ましい強力な方法です．本書で解説してきた在庫理論，LPなど大部分の手法は，こうした目的を達成するために開発された数学的手法でした．

しかしながら，研究対象となっている問題領域を完全に表わす方程式をつくりあげるということは困難であり，方程式の表わす現実のシステムの数学的モデルと現実との間には多くの場合重大なギャップが残されます．すべての場合，問題への接近は現実の問題の単純な抽象化から始まり，モデルがしだいに複雑になってゆき，現実に近づいてゆくのですが，モデルが現実に近づけば近づくほど，その数学的複雑さはより急速に増大し，多くの場合はモデルを数学的に解くことができなくなってしまいます．数学的モデルによる抽象化は，私たちが当面する問題の性質と，それを構成している諸要素の間の関係に対する洞察を与える点で貴重なものですが，理論と現実との橋渡しをするための別の分析的方法も必要とされるのです．

また，数学的方法による答は，用いられた方法が高度なものであればあるほど人に理解されがたく，それを実施に移す場合の抵抗も大きいのが普通です．得られた解が最良の方法であるということを人々に信じさせることができない場合もあり，その点についての疑惑は改革を受け入れさせるのに大きな障害となりかねないのです．

(3)　シミュレーション実験を行なう

上に述べた2つの方法が満足な結果を与えないような場合に，シミュレーション実験という模擬実験による解法が役に立つことが多いのです．ここであらためてシミュレーションの定義を与え，シミュレーションの実施ステップについて詳しく見

ることにしましょう．

シミュレーションは，現実の状態についての数学的モデルをつくり，その一部の変数，パラメータ，さらにはモデルの構造などがシステムの動きにどのように関係しているかを知るために，そのモデルに対して実験を行なってモデルの表わすシステムの動きを検討し，それにより現実のシステムの動きを予測したり，それに対する政策決定を研究する方法です．

シミュレーションの発展はコンピュータの発達と不可分に結びついています．シミュレーションを実際に行なうために必要となる計算量が膨大なものになることが通常だからです．以下ではシミュレーションにコンピュータを使うものとして，実施のステップを５つに分けて説明しましょう．

①　モデルの構築

まず現実のシステムを表わすモデルをつくることです．これは他の OR 手法と同じです．モデルがいくつかのパラメータを含む場合には，それらの値の推定も行なわれなければなりません．何といってもモデルが実験の根幹をなすものですから，しっかりしたモデルをつくることがいちばんのキーポイントになります．

前例では，修理工の問題を待ち行列の問題としてとらえて，故障発生の分布，修理時間の分布を過去のデータから定めるのがこの段階に当たります．

②　モデルの有効性の検討

①で得られたモデルが現実のシステムの有効な表現として使えるかどうかをチェックしなければなりません．モデル・ビルディングの際に用いた仮定が妥当なものかどうかのチェックがまず必要です．次には，小さなテスト・シミュレーションをモデルについて行なってみて，モデルの動きと現実のシステムの動きとがよく適合しているかどうかを確かめねばなりません．

③　コンピュータのプログラミング

シミュレーションに用いるモデルは普通，大きくかつ複雑なものが多いので，プログラミングが面倒になってきます．最近はシミュレーション専門のコンピュータ言語がいろいろとつくられています．待ち行列タイプの問題を扱うのに適したGPSS，SIMSCRIPT，インダストリアル・ダイナミックスのためにつくられたDYNAMOなどが使えます．もちろん，これら既成の言語を使えないシミュレーション・モデルも多いのは当然です．

④　実　　験

さて，いよいよ本番の実験です．コンピュータの上でモデルを動かし，人工の現実をつくり出させるのです．実験はもちろんただやればよいというものではなく，できるだけ能率的にやらなければなりません．前例では，修理工の数について実験してみただけですが，実際のシミュレーションでは，もっといろいろな場合について実験をやりたいのが普通です．

⑤　実験データの分析

実験が終わったら，その得られたデータをもとにして，現実のシステムの性質の研究を行なわなければなりません．前例では，修理工の数を何人にしたときに費用が最も小さくなるかを計算することがこの⑤の役割です．

シミュレーションはまだ年若い手法です．しかし大きな可能性を秘めた手法です．そしてその応用はORだけでなく，経済学，心理学，政治学，……とさまざまな分野で行なわれています．これからもコンピュータの発達・普及とともに，ますます多く利用されてゆくでしょう．複雑化する経営の諸問題に科学のメスを入れるための大きな担い手として，シミュレーションの果たす役割には大きな期待をもつことができます．

6　順序づけ問題とPERT

§19　順序づけ問題

順序づけ問題は，いくつかの一連の仕事をかぎられた資源を用いて行なわなければならないときに生じる問題です．このとき全体の有効度（たとえば総所要時間）は，それらの仕事がなされる順序によって決まってきますから，その順序をどのように決めたらよいかということが問題になります．たとえば，機械加工工場でいくつかの製品を何種類かの機械にかけて加工する場合に，それぞれの機械にどのような順序で製品をかけたらよいかという問題があります．

いま簡単な例で考えてみましょう．5つの製品A，B，C，D，Eがあって，それぞれ2つの機械a，bで加工しなければならないとします．そしてその場合，加工ははじめにa，次にbの順でなされなければならないとします．各製品をそれぞれの機械で加工するのに要する時間は表6·1に示されているとおりです．この場合に，5つの製品をどのような順序で加工することにすれば全体の作業時間が最も短くなるでしょうか．あるいは，どうしたら各機械が遊んでいる時間を最も短くすること

表6·1　加工時間

製　　品	加工時間	
	a	b
A	10（時間）	3（時間）
B	6	5
C	4	3
D	5	5
E	7	4

ができるでしょうか．

まず，恣意的に 1 つの順序を考えてみましょう．機械 a での加工を先に行なうわけですから，機械 a にかける順序を決めてやれば機械 b にかける順序は問題なく決まってきます．そこで，$A \to B \to C \to D \to E$ の順序で加工を行なってみることにして，これを図に示してみましょう．その結果は図 6·1 のようになります．この図から，この一連の作業の総所用時間は 36 時間，機械 b の遊休時間は 16 時間であることがわかります．図 6·1 のような図は**ガントチャート**（Gantt chart）と呼ばれています．同じことを今度は A と E の加工の順番を入れかえてやってみますと，図 6·2 のようになり，総所要時間は 35 時間，機械 b の遊休時間は 15 時間となり，前の場合に比べて 1 時間の短縮になります．したがって明らかに後の場合の順序の方がより能率的ですが，しかしそのほかにももっと能率的な順序があるかもしれません．

どの順序が最も能率的かを調べるためには，すべての順序についてその所要時間あるいは遊休時間の比較を行なえばよいわけですが，可能な順序の数は製品の数の増加とともに非常に多くなってゆきます．いまの場合ですと，順序の数は $5! = 5 \times 4$

図 6·1　$A \to B \to C \to D \to E$ の順序での加工

図 6·2　$E \to B \to C \to D \to A$ の順序での加工

×3×2×1=120 とおりとなり，それぞれについてガントチャートを描いて時間の計算を行なうことはかなり大変です．まして製品の数がさらに増して，たとえば 10 種類になったときには，その数は約 363 万とおり（10!=10×9×8×……×2×1=3,628,800）にもなって，もはやそれらのすべてを 1 つ 1 つ検討してゆくことは不可能になります．

いまの例のように機械が a，b の 2 種類で，それぞれの製品は必ず a，b の順に加工を受けなければならないといった特殊な条件のもとでの順序づけの場合には，これに対して一般的な解法が考えられています．しかし機械の種類がもっとふえた場合，さらには加工の順序も異なってもよいというような一般的な場合には，もはや標準的な解法は現在までのところ開発されていません．多くの順序づけ問題の中で，数学的な解析で解けるのはきわめて単純なものだけであり，現実の問題はほとんどすべてシミュレーションに頼らなければなりません．そしてその場合でも，作業量は非常に膨大なものになることがしばしばであり，得られる解は近似解にすぎないことが多いのです．しかし，こうした近似解でも，人間の判断と直感に頼るよりもよりよい解が得られるのが普通ですから，やはり科学的な方法は用いるべきです．

§20 P E R T

【PERT とは何か】

順序づけ問題に関連して，ここで触れておかなければならないのは比較的最近に開発された PERT（Program Evaluation and Review Technique の略）です．これは，いわゆるプロジェクト・タイプの問題，たとえば建設工事，研究開発計画など，一度かぎりの性格をもつ事業について，その中に含まれる多くの仕事ないし活動の順序づけ，関連づけを行なう方法であり，プロジェクトの計画と同時にコントロールにも用いることができるものです.

PERT は，1958 年にアメリカの海軍のポラリス・プロジェクトに関連して開発されたもので，このプロジェクトの完成までの期間は PERT の使用により 2 年も短縮されたと推定されています．その後 PERT は軍および民間において広く用いられ，その歴史の新しさにもかかわらず，重要な管理技術としての地位を確立しています．なお，PERT と独立にほぼ同じころデュポン（Du Pont）社で開発された **CPM**（Critical Path Method の略）も基本的に同じ性格の手法です.

【PERT のネットワーク】

PERT の基本は，プロジェクトを多数の仕事の**ネットワーク**と考えることにあります．このネットワークは，仕事の流れを図に表わす 1 つの**フロー・チャート**です．プロジェクトをまず，それを構成する仕事（これは比較的少数の場合から何百あるいは何千という場合まであります）に分解し，そして活動（アクティビティ；activity）で連結された事象（イベント；event）の系列として全体のプロジェクトを表わしたものがネットワークです．図 6･3 はネットワークの一例を示したものです．ネットワークの結節点（図にマル印で描かれたもの）は事象と呼ばれ，2 つの事象を結ぶ矢印は活動と呼ばれます．事象は何らかの事柄が起こる瞬間的時点を表わし，一般に何らかの活動の始まりあるいは完了を表わします．活動は 2 つの事象の間になされなければならない仕事を表わします．したがって

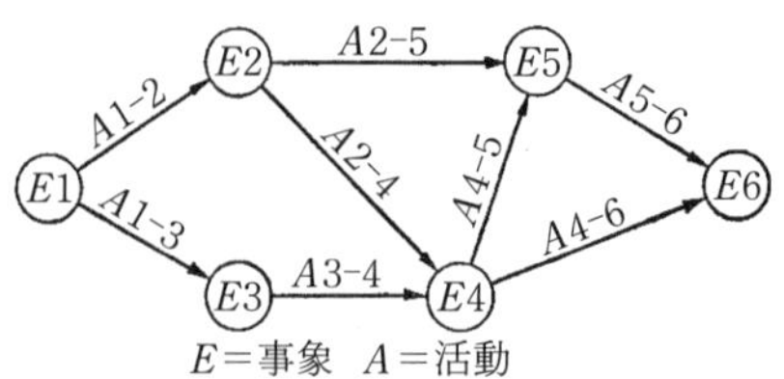

図 6･3　PERT のネットワーク

活動はある長さの時間，すなわち先行事象から後続事象に移動するのに必要な時間に対応します．この活動の定義には，活動に対する資源の配分についての何らかの決定が含意されていることはいうまでもありません．

図6·3では，各事象に番号がつけられ，各活動はその先行事象と後続事象の番号で表わされています．そして事象の番号は後続事象の方が先行事象よりも大きな数になるようにつけられています．

そこで次にPERTのネットワークの作成法について簡単な例を使って説明しましょう．図6·4はガソリン・スタンドでのサービスについてのネットワークを示したもので，客が到着してからガソリンを入れたり，車の点検サービスを受けて立ち去るまでのようすを表わしています．ネットワークをつくるためにはまずプロジェクトを別々の仕事に分解しなければなりません．

いまの例では，大げさないい方ですが，ガソリン・スタンドに立ち寄ってサービスを受けるということを1つのプロジェクトと考えますと，それはいろいろな仕事ないしは活動から構成

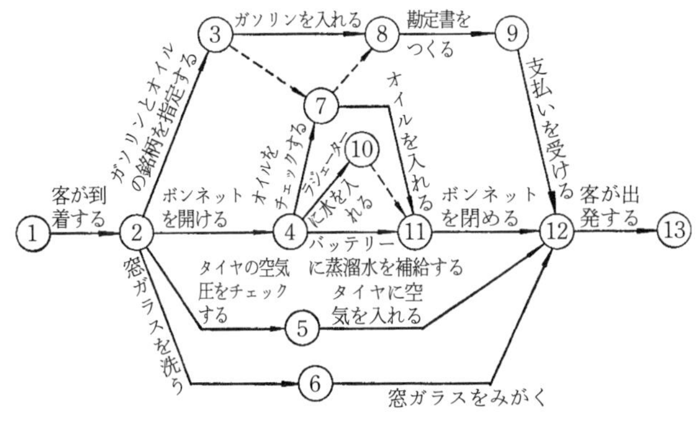

図6·4 ガソリン・スタンドでのサービス・ネットワーク

されます．プロジェクトをどこまで細かく分解するかは決して簡単な問題ではありませんが，いずれにせよこの分解がなされたら次に活動の順序を考えてネットワークをつくりあげます．

ネットワークをつくる場合には次のようなルールに従わなければなりません．まず，各活動は1つの先行事象および1つの後続事象をもちます．これらの事象はそれぞれその活動の開始および完了を表わします．活動は先行事象の番号 i と後続事象の番号 j を用いて，活動 i-j と表わすことができます．たとえば図6·4で「ガソリンを入れる」という活動は，活動3-8と表わすことができます．どのような活動もその先行事象が完了するまでは開始することはできません．たとえば，「ボンネットを開ける」という活動の完了を表わす事象4が起こるまでは，「オイルをチェックする」という活動は開始できません．また，どのような事象も，それに先行するすべての活動が完了するまではそれが起こったと考えることはできません．たとえば図6·4の事象12は，活動9-12，11-12，5-12，6-12のすべてが完了したときにはじめて起こったことになります．

次に，ここで**ダミー**（dummy）**活動**あるいは**疑似活動**と呼ばれるものを説明しておく必要があります．ダミー活動は何ら現実の活動を表わすものではなく，ある1つの事象が他の事象に順序的に依存するというような制約条件を表わすために用いられるものです．図6·4で点線の矢印で描かれているものがダミー活動で，たとえば活動3-7は事象7が事象3の生起に依存していることを示します．すなわち，「オイルを入れる」という活動の開始はオイルをチェックし終わっただけでは不可能であり，オイルの銘柄の指定がされていなければならないのです．活動7-8も，勘定書をつくることが，ガソリンを入れ終わるだけでなく，オイルをチェックしてオイルを補給する必要のあることがわかった後でなければできないことを示しています．

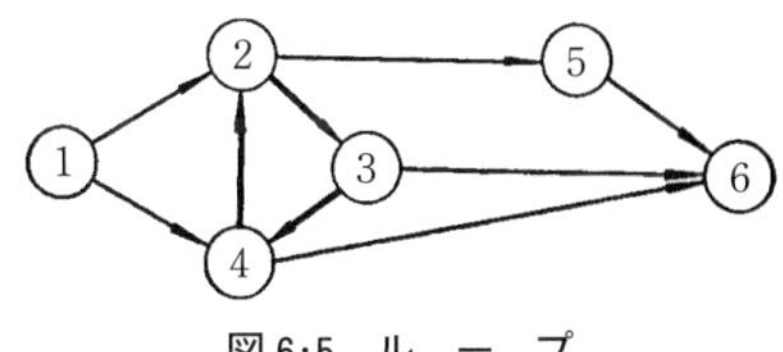

図6·5 ループ

ネットワークには**ループ**があってはなりません．ループとは，ある事象から出て再びその事象に戻ってくるような活動の径路のことです．図6·5で事象2，3，4の間にはループがあります．事象の生起の順序を表わすネットワークの性質上，ループは不可能な事柄を表わすからです．

【クリティカル・パス】

ネットワークが作成されると，次にプロジェクト全体の完成のための所要時間の推定に移ります．そのためには，まず各活動の所要時間を推定しなければなりません．図6·6は図6·4のネットワークについて各活動の推定所要時間を示したものです(単位：秒)．ここでダミー活動の所要時間は0であることに注意してください．これらの数値に基づいてプロジェクトの所要

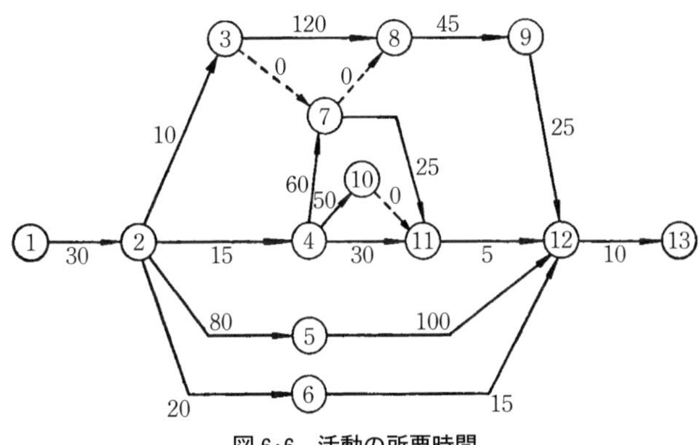

図6·6 活動の所要時間

時間は次のようにして計算されます．

ネットワークにおける各事象について，そこに到達するのに必要な時間を計算することができます．すなわち，その事象へ通ずる径路にそったすべての活動の所要時間を加え合わせればよいのです．ただしこの場合，1つの事象へ通ずる径路は1つだけとはかぎりませんから，すべての径路を考えて所要時間の最長のもの，すなわち最長径路にそった活動の所要時間の和をとらなければなりません．

いま事象 j の生起時刻を T_j^E とし，活動 i-j の所要時間を $t_{i \cdot j}$ と書きますと，T_j^E は次のように計算されます．

$$T_1^E = 0 \qquad (6.1)$$

$$T_j^E = \max_i (T_i^E + t_{i \cdot j}) \qquad \text{ただし，} 2 \leqq j \leqq n \qquad (6.2)$$

(6.1) はこのプロジェクトがただちに開始されることを表わします．また，(6.2) はプロジェクトの開始という事象1を除

表 6·2　T^E と T^L およびスラックの計算

事　　象	T^E	T^L	スラック
1*	0	0	0
2*	30	30	0
3*	40	40	0
4	45	100	55
5	110	130	20
6	50	215	165
7	105	160	55
8*	160	160	0
9*	205	205	0
10	95	225	130
11	130	225	95
12*	230	230	0
13*	240	240	0

備考＞ * 印はクリティカル・パス上の事象．

いて，事象 2 から最後の事象 n（プロジェクトの完了）までについては，所要時間の最大の径路の時間が T^E とされることを表わしています．たとえば事象 3 については，そこに到達する径路は事象 2 からの 1 本しかありませんから，$T_2{}^E=30$ に $t_{2\cdot3}=10$ を加えて 40 となります．事象 7 の場合には，そこにいたる径路は事象 3 からと事象 4 からの 2 本ありますから，

$$
\begin{aligned}
T_7{}^E &= \max(T_3{}^E+t_{3\cdot7},\ T_4{}^E+t_{4\cdot7})\\
&= \max(40+0,\ 45+60)\\
&= \max(40,\ 105)=105
\end{aligned}
$$

となります．ここで max (……) はカッコの中の最大値という意味です．同様に事象 12 の場合には，

$$
\begin{aligned}
T_{12}{}^E &= \max(T_5{}^E+t_{5\cdot12},\ T_6{}^E+t_{6\cdot12},\ T_9{}^E+t_{9\cdot12},\ T_{11}{}^E+t_{11\cdot12})\\
&= \max(110+100,\ 50+15,\ 205+25,\ 130+5)\\
&= \max(210,\ 65,\ 230,\ 135)=230
\end{aligned}
$$

となります．このようにして事象 1 から事象 13 までの T^E を計算したものが表 6·2 の T^E の欄です．なお，$T_j{}^E$ は j から開始される活動が開始できる最も早い時刻を表わしますから，その活動の**最早開始時刻**（earliest start time）とも呼ばれます．

この計算の結果，最後の事象 13 の T^E は 240 ですから，全体の所要時間は 240 (秒）ということになります．この 240 という数字は，事象 1 から事象 13 にいたるすべての径路の中で最長のものの所要時間です．この最長の径路を**クリティカル・パス**（critical path）といいます．

このクリティカル・パスのもつ意味を考えるために，次に各事象について，プロジェクト全体の完了時間に影響しないためには，遅くとも何時までにその事象が生起しなければならないかを示す時刻を計算してみましょう．これはその事象の点で完了される活動が，最も遅くともその時刻までに完了していなければならないことを表わしますから，その活動の**最遅完了時刻**（latest finish time）とも呼ばれます．いま，事象 i についての

この最終時刻を T_i^L と書くことにしますと，T_i^L は次のように計算されます．

$$T_n^L = T_S \qquad (6.3)$$

$$T_i^L = \min_j (T_j^L - t_{i \cdot j}) \quad \text{ただし，} 1 \leqq i \leqq n-1 \qquad (6.4)$$

(6.3) はこのプロジェクトが計画された時点 T_S で完了するようにすることを表わしています．そして (6.4) は，最終事象以外の事象がプロジェクトの完了を遅らせることのないようにするためには，その事象から最終事象にいたるまでのいろいろな径路のうち，最も時間の長くかかる径路によってその事象の生起の許容最終時刻が決まることを表わしています．たとえば図 6·6 の事象 7 については，そこから最終事象 13 へ向かう径路は事象 8 へ向かうものと事象 11 へ向かうものとの 2 本がありますから，

$$\begin{aligned} T_7^L &= \min(T_8^L - t_{7\cdot 8},\ T_{11}^L - t_{7\cdot 11}) \\ &= \min(160-0,\ 225-25) \\ &= \min(160,\ 200) = 160 \end{aligned}$$

となります．また事象 2 については，そこから事象 3，4，5，6 へと 4 本の径路が出ていますから，

$$\begin{aligned} T_2^L &= \min(T_3^L - t_{2\cdot 3},\ T_4^L - t_{2\cdot 4},\ T_5^L - t_{2\cdot 5},\ T_6^L - t_{2\cdot 6}) \\ &= \min(40-10,\ 100-15,\ 130-80,\ 215-20) \\ &= \min(30,\ 85,\ 50,\ 190) = 30 \end{aligned}$$

となります．このような計算の結果を示したものが表 6·2 の T^L の欄です．

ここでたとえば，事象 7 について考えてみますと，その T^E は 105 であるのに対して T^L は 160 です．このことは，事象 7 へははじめから 105 秒後に到達できますが，その到達が遅れても，その遅れが 55 秒以内であれば全体の完了を遅らせることにはならないことを意味しています．いいかえると，この事象には 55 秒のゆとりがあるということです．このゆとりのこと

を，この事象の**スラック**（slack）といいます．各事象についてこのようなスラックを計算しますと，表6·2の最後の欄に示したようになります．

さて，この問題で事象1から事象13まで最も時間のかかる径路，すなわちクリティカル・パスは1→2→3→8→9→12→13です．このクリティカル・パス上の事象については，すべてスラックがゼロであることがわかります．これは当然のことで，クリティカル・パスの上のどの活動でも，それが遅れるとプロジェクト全体がそれだけ遅れることになるのです．これに対して，クリティカル・パス以外の径路の上の活動にはある程度の時間の余裕があります．

以上のことは，PERTを用いてプロジェクトの計画や管理を行なうときに重要な事柄を示唆しています．すなわち，計画や管理の重点はまず第1にクリティカル・パスの上の活動や事象に向けられなければならないということです．もしプロジェクト全体の所要時間を何らかの方法で短縮しようと思えば，まずクリティカル・パスの上の活動の所要時間の短縮を図らなければなりません．クリティカル・パス以外の径路上の活動をい

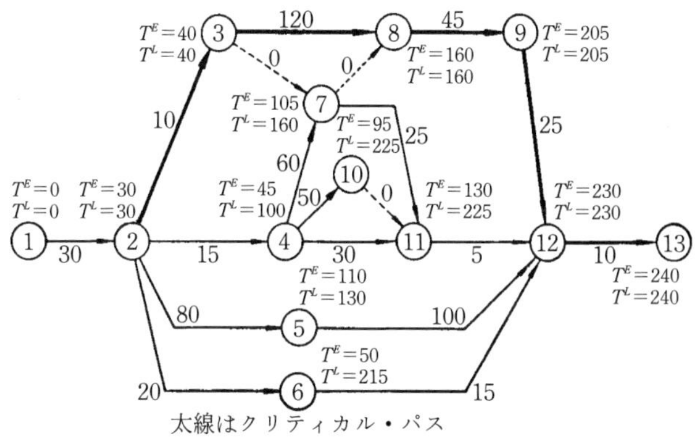

図6·7　T^EとT^Lおよびクリティカル・パス

くら早めても，クリティカル・パスが短くならなければそれは無用なことです．またスラックがある径路上の活動からクリティカル・パス上の活動に資源を一部移したりすることによって，プロジェクトの完成を早めることができるかもしれません．

大きなプロジェクトになりますと，それを構成する活動は非常に多くなりますが，かぎられた管理能力で全体を管理するためには重要な活動に管理を集中することが有効でしょう．クリティカル・パスはこのような**重点管理**，あるいはいわゆる**例外管理**（management by exception）の向けられるべき対象を示しているのです．

【PERT の確率的側面】

PERT の応用されるようなプロジェクトは，多くの場合１回かぎりのプロジェクトであり，したがって過去に同じものが存在しないようなものです．そこでそのようなプロジェクトを構成する活動の所要時間は，多くの場合，正確には推定できません．PERT はこのような活動時間の不確定性をも考慮に入れようとします．

これまで活動の所要時間はただ１つの値として確定値のように扱われてきました．しかし実際には，所要時間はその値より短くなったり長くなったりします．このような所要時間の不確定性を PERT では，各活動について次のような３つの時間推定値を用いて処理します．

楽観的推定値（a）……異常な幸運のためにすべてが１度でうまくいったときの活動の所要時間，すなわち最短所要時間の推定値．

最も確からしい推定値（m）……正常な場合の所要時間．

悲観的推定値（b）……異常な不運に見舞われたときの活動の所要時間．

以上のような３つの時間推定値が得られると，所要時間が

ベータ分布という確率分布に従うという仮定をして，所要時間の平均値 t_e を次の公式によって求めます．

$$t_e=\frac{a+4m+b}{6} \tag{6.5}$$

そして，この t_e を使って前述のような T^E や T^L の計算をするのです．

ところで上述のように，各活動の所要時間が不確定であるとしますと，当然プロジェクト全体の所要時間も不確定になります．この不確定性は，各活動の所要時間の標準偏差を用いて考慮することができます．活動所要時間の標準偏差を σ としますと，

$$\sigma=\frac{b-a}{6} \tag{6.6}$$

で推定されます．これを使ってプロジェクト全体の所要時間の標準偏差を推定することができますから，それによってプロジェクトの所要時間の確率的変動を考えることができます（これについての詳しいことは省略します）．

【PERT による計画】

PERT をプロジェクトの計画に用いる方法は，いろいろと考えることができます．たとえば，PERT のネットワークから計算されたプロジェクトの総所要時間が長すぎる場合について考えてみましょう．この場合には次のような計画を修正する方法が考えられます．

⑴　直列になっている活動を並列に変える方法．これは，現在時間的に順序づけられて行なわれているものの中で，同時に並行して実行できる活動があるかどうかを調べ，それを利用して総所要時間を短くしようということです．

⑵　所要時間の短くなる可能性のある活動に資源を追加投入する方法．たとえば，そのような活動に，残業やより優秀な人間を配置することです．正のスラックがある活動から資源を移

動することもその１つの方法ですが，そのような移動が容易でない場合には，新しい人や資金を投入しなければならなくなるでしょう．

(3)　活動を省略する方法．これは一般には容易ではありませんが，時間が非常に重要な場合には，いくつかの活動を省略することがあります．

さて，一般に活動の所要時間はそれに追加的に資金を投入することによって短くできるのが普通です．いいかえますと，費用をより多くかければ所要時間は短縮されます．このような時間の短縮と費用の増加との関係（これを費用と時間との**トレード・オフ**（trade-off）**の関係**，すなわち**取引の関係**といいます）は，活動によって異なります．そこでその関係をいろいろな活動について調べて比較することにより，一定の費用でプロジェクトの所要時間の短縮を最大にしたり，あるいは一定の時間の短縮を最小の費用で実現しようということを考えることができます．そのような方法は PERT/COST という名前で呼ばれ，最近ではいろいろな分野で用いられています．これに対して，費用の計算がはいらず，時間だけについて考える PERT を PERT/TIME と呼ぶことがあります．

【PERT の応用範囲】

以上でネットワーク手法による計画ならびに管理の方法としての PERT の概略を説明しました．もちろんこのほかにも説明すべき問題は数多くあります．特に，このような方法の実施上の問題点，コンピュータとの関連などは重要な問題です．

経営計画の１つの方法としての PERT がもっている潜在的な力は，まだ開発の初期段階にあるにすぎません．これまでの PERT の応用分野には次のようなものがあります．

①　新製品の開発過程

②　新しいコンピュータの導入

③　建設およびメンテナンス活動

④ 鉱山の操業
⑤ 土地開発
⑥ ハイウェイ建設
⑦ 原価管理
⑧ 文書管理
⑨ 価値工学，等々

以上のように，PERT の応用範囲は非常に多岐にわたっていますが，実質的には主として何らかの有形の最終生産物の生産分野が中心です．しかし今後は，無形の目標をもつプロジェクトへの応用もより重要になってゆくでしょう．このような応用としては，予算の作成，長期計画の樹立，管理組織の設計などが考えられます．

長期計画への応用においては，いくつものネットワークが系列的に並び，各ネットワークの終点の事象が次のネットワークへすすむかすすまないかという決定を表わすものであることが多くなるでしょう．この種の計画ネットワークは，計画に参加する組織の諸要素間の相互関係を表わすのが普通であり，計画の緊急度に応じてネットワークには計画日付けが与えられたり与えられなかったりすることになるでしょう．

管理ネットワークの作成においては，いろいろな管理活動および主要な決定ないし行動の間の相互関係が中核となります．この種の応用の中には，会社の組織変更や合併・吸収などにおける計画が含まれることになるでしょう．

§21 順路問題

【巡回セールスマン問題】

順序づけ問題と似た問題として，**順路問題**というのがあります．そしてその中に「**巡回セールスマン問題**」と呼ばれる1つの古典的な数学の問題があります．これは，1人のセールスマンが何都市かを訪問しなければならないとき，自分の住む都市から出発し，すべての都市をそれぞれただ1度だけ通って，もとに戻ってくる順路の中で，旅費（または時間，または距離）が最も少なくてすむようなものを見つけることです．

都市の数が非常に少なければ，すべての場合を順々に考え，それぞれの場合の費用を計算して比較することによって，簡単に問題は解けます．たとえば，彼が住んでいる都市をAとして，訪問先がB，Cの二都市ならば，2つの可能な経路（A→B→C→AとA→C→B→A）があります．訪問先が3都市の場合には，この経路は6とおりになります．しかし都市の数が多くなると可能な経路は急速にふえ，全部の場合を数えあげることなどとてもできなくなります．訪問先が10都市の場合で，すでに経路は約363万とおり（10!）という大きな数になってしまうのです．

数学の問題としては，これを試行錯誤ではなく，解析的に解く完全に一般的な方法を見つけることが問題となりますが，非常にむずかしく，現在完全に一般的な解析的解はまだ求められていません．しかし，一般的な数値解法は発見されています．

【ある生産計画の問題】

巡回セールスマン問題は，その名前の現実的なひびきにもかかわらず，内容は数学的パズルのように実際的問題とのかかわりは少ないと考えられていました．ところが，Mullens製造会社という厨房用品の製造会社における生産計画の問題が同じ性格のものであることが明らかになってから，その実際的適用可能性が注目されることになりました．

この会社は，一本の連続的組み立てラインによって約20の異なったモデルの台所流しを生産していました．モデルの中には，お互いに非常によく似ているものもあり，また全然違うものもあって，部品の異同性などの関係から，1つのモデルの生産から他のモデルの生産に切り替えるときに必要な段取り費用は，どのモデルからどのモデルへの切り替えであるかによって違っていました．ある場合には，必要な工程変更はきわめて短時間・低費用でできるが，他の場合にはかなりの時間と費用がかかるという具合でした．

そこで問題は，どのような順序で各モデルの生産を行なったら費用が最も少なくてすむかということになりますが，この問題が巡回セールスマン問題と同性質のものであることは明らかでしょう．巡回セールスマン問題での都市はこの問題のモデルに相当し，都市間移動費用はモデルの切り替えのための工程変更費用に対応します．ただ，普通の巡回セールスマン問題と違うところは，モデルＡからモデルＢへの切り替え（都市Ａから都市Ｂへの移動）の費用が，モデルＢからモデルＡへの切り替え（都市Ｂから都市Ａへの移動）の費用と一般に異なるという点です．たとえば，モデルＡからモデルＢへの変更が，ある種の作業の追加を含む（たとえば棚の数をふやす）とすれば，モデルＢからモデルＡへの変更は，その作業をとり除くことを含むからです．

しかし，これらの２つの問題が本質的に同じものであることが認識されたのは，大変な努力が注入されて生産順序が大幅に改善された（経常費用が約３分の１減少した）後であったということです．

7　取替問題・探索問題・競争問題

この章では，これまでに説明してきたもの以外のタイプの問題をまとめて取り扱うことにします．**取替問題**，**探索問題**，**競争問題**の3つがそれです．取替問題は，いわゆる**エンジニアリング・エコノミー**（engineering economy）のおもな研究対象としてOR以前から盛んに研究されてきましたが，ORの出現とともにその体系の中に包含されるようになりました．探索問題はORの中でも比較的歴史が浅く，未開発です．競争問題は重要な問題ではありますが，理論的には解決困難な問題が多く，実用的・操作的な理論として利用できるものはまだほとんどありません．以上のように，ORの体系の中での理論の整備の状態や実用化の程度などを考えて，これらを1章にまとめて簡単に説明することにしました．

§22　取替問題

【劣化する設備の取替問題】

取替問題は2つの一般的なタイプの問題を含みます．1つは，使用の程度に応じ，あるいは時の経過とともに劣化する設備機械に関するものであり，いま1つは，劣化はしませんがある程度使用したり時間がたつと寿命がつきるか，こわれるかするものに関する問題です．

劣化するものの例としては，旋盤などの工作機械，トラック，船舶，発電機などがあります．このようなものの取り替えに関する決定には2つの相対立する費用が関係します．すなわち，劣化してゆく古い設備機械の非効率から生じる費用と，新しい設備機械の取得費用です．

劣化する設備機械は，予防保全的措置を講じないで運転されると，しだいに運転効率は低下し，単位当たり生産費は増大します．その効率を持続するには維持費の支出が必要であり，それは設備機械が古くなるほど増大します．そのうえ，このような設備機械は同種のものの改良品が市場に出現すれば，旧式化してしまうかもしれません．そうすると，絶対的効率は変わらなくとも，相対的には効率が低下することになります．このように，設備機械をながく取り替えないでいるときには，絶対的および相対的効率の低下によって費用が増大します．

ところがもう一方，設備機械を頻繁に取り替えるとすれば，新しいものへの投資費用が増大します．そこで問題は，これらの2つの費用の合計が最も小さくなるように，設備機械の取替時期を決定することになります．

この種の問題に対する一般的な解というものは存在しませんが，特殊な場合について数多くの研究がインダストリアル・エンジニアや経済学者によってなされてきました．この問題を取り扱う数学的手法は，多くの場合比較的簡単な微積分で足りますが，そのほか第4章で説明したDP（動的計画法）も有力な手法の1つとなっています．

ここで劣化する設備の取替問題についての分析の具体的な例

表7·1　運転費用と下取り価格

年	運転費用	下取り価格（年末）
1	20（万円）	60（万円）
2	25	40
3	32	25
4	40	17
5	50	10
6	62	3
7	75	3
8	90	3

を1つとりあげてみることにしましょう．

ある建設会社で，購入価格100万円のトラック1台の年間運転費および下取り価格を表7·1のように予想しているとします．使用年数が長くなるにつれて故障も起こりやすくなるでしょうし，またガソリンも余分にいるようになるでしょうから，運転費用は年とともに増加してゆきます．それに対して下取り価格の方は古くなるにつれて急激に低下し，6年目以降はわずかに3万円になっています．この場合に最もよい取替政策を考えるのがここでの問題です．

ここでは，平均年費用を最小にすることを目標にします．費用としては運転費用のほかに，資本費用（購入価格と下取り価格の差額）がかかり，それは下取り価格の低落に伴って増大します．それらの数字をもとにして，各使用年数に対応する総費用を計算し，年当たりの平均費用を求めますと，その結果は表7·2のようになります．

1年だけ使用するときには，運転費用が20万円，資本費用が40万円（購入価格100万円から下取り価格60万円を引いたもの）で，合わせて全費用は60万円になります．平均費用はもちろん60万円です．2年間使用する場合を考えてみますと，

表7·2　平均年費用の計算

（単位：万円）

使用年数	全運転費用	全資本費用	全　費　用	平均年費用
1	20	40	60	60
2	45	60	105	52.5
3	77	75	152	50.7
4	117	83	200	50.0
5	167	90	257	51.4
6	229	97	326	54.3
7	304	97	401	57.3
8	394	97	491	61.3

運転費用は1年目と2年目の合計で45万円，資本費用は60万円（100万円－40万円）ですから，2年間の全費用は105万円であり，したがって年当たり平均費用は52.5万円ということになって，1年で取り替える場合よりは有利であることがわかります．以下同様な計算をして平均年費用を求めたものが表7·2です．この結果から，トラックは4年の後に取り替えるのが最も経済的であるということになります．

以上はきわめて簡単化された例で，劣化する設備の取替問題を説明しました．この例には，たとえば費用の割り引きが行なわれていないというような欠陥があります．将来の1円は現在の1円より価値が低いはずですから，正確には将来の費用は割り引かれて，現在の価値に換算されなければなりません．しかし，このような欠点はあるにせよ，この例題で劣化する設備の取替問題の基本的性格や計算は明らかになったことと思います．

【寿命がつきる設備の取替問題】

取替問題の第2のタイプとして，ほとんど劣化はしないが途中で寿命がつきるタイプの設備機械の取替問題があります．このような問題の例としては，電球や真空管などの取り替えの問題があります．

ここでは3種類の費用が関係します．

第1は，設備機械そのものの費用で，これはその寿命がつきるまで使えば最も少なくてすむ性質のものです．第2は，寿命がつきたときに発生する費用で，たとえばそのために作業が中断されることによる費用です．この費用は，1つ1つのものを寿命がつきるまで使うとき最も大きくなるという性質のものです．第3は，取替費用で，これは1つ1つのものを個別に取り替えるときの方が，**一斉取り替え**の場合よりも単位当たりにして高くなるのが普通です．

このような3種類の費用を考えて，一斉取り替え（全部か部分的かの）と**個別取り替え**とのどちらがよいか，もし一斉取り替えがよいとすればどのようなグループで，どのような頻度で取り替えをするのがよいかを決定するのがここでの問題です．

このような問題は，数理統計学者や保険数理学者によって長い間研究されてきたものですが，最近では信頼性の問題としてエンジニアたちの研究もきわめて盛んです．このような研究の中から，比較的簡単な取替問題については，最適取替政策を発見する数学的理論がいろいろと発展してきています．

しかし現実の取替政策としてはいろいろと込み入ったものが考えられ，したがって問題が複雑になるとシミュレーションの方法が用いられています．この場合には，待ち行列問題と同じように，確率的な要素（寿命が一定していないで，不確定であること）がはいってきますので，そのような要素を含めたシミュレーションすなわちモンテ・カルロ・シミュレーションが用いられます．

次に，このタイプの取替問題の分析例をあげてみましょう．いま，同種の部品が1,000個使われている機械があり，その部品の寿命は表7·3のような確率分布に従うことがわかっています．たとえば，最初に1,000個の新しい部品がとりつけられたとすれば，それらのうち1ヵ月後には50個が，2ヵ月後には

表7·3　寿命の確率分布

月	新しい部品がだめになる割合
1	0.05
2	0.10
3	0.15
4	0.25
5	0.30
6	0.15
計	1.00

100 個が，……というように寿命がつき，6ヵ月後には全部がだめになるということです．

ここで次のようなことが問題となるでしょう．全部の部品について1個だめになるたびに取り替えていたのでは機械の休止時間が多くなり，またつねにかなりの量の部品のストックをもたなければなりません．それよりも，ある一定期間ごとに全部を一斉に新しい部品に取り替え，その取り替えの時期より前に寿命のつきたものだけについて個別に取り替えるというやり方をとった方が経済的ではないでしょうか．もちろん，このような方法を採用すれば，中にはまだ寿命がきていないのに取り替えられるものも出てきますが，そのような損失は機械の休止時間の減少や部品ストックの減少による利益によって相殺できるかもしれないのです．

いまこの部品の1個を個別に取り替えるときには1個当たり 1,000 円の費用がかかり，それに対して全部を一斉に取り替えるときの1個当たりの費用は 200 円ですむものとしましょう．このような差は，たとえば機械の休止時間の費用が一斉取り替えの場合には全部の部品にわりかけられることから生じます．

まず，一斉取り替えは全く行なわないものとし，個別に取り替えるとしたら，毎月何個ずつの取り替えが必要かを計算してみましょう．いま t 月目の取替個数を R_t $(t=0, 1, 2, \cdots\cdots)$ で表わすことにすれば，

$$R_0=1{,}000$$

$$R_1=1{,}000\times0.05=50$$

となります．2ヵ月目には最初の 1,000 個の中から寿命のつきるもの（1,000×0.10=100）と，1ヵ月目に取り替えられた50個の中から寿命がつきるもの（50×0.05=2.5）とが取り替えられなければなりません．すなわち，

$$R_2=1{,}000\times0.10+50\times0.05=102.5$$

となります．以下同様にして，

$R_3=1,000\times0.15+50\times0.10+102.5\times0.05=160.1$
$R_4=1,000\times0.25+50\times0.15+102.5\times0.10+160.1\times0.05=275.8$

⋮

と計算されます．このような計算の結果をまとめたものが表7·4です．これによりますと，取替個数は5ヵ月目まで増加して6ヵ月目には減少し，そしてまた増加し始めます．そして振動しながら結局はある定常的状態に近づいてゆくことがわかります．この定常的状態においてはほぼ一定数の取り替えが毎月行なわれることになりますが，この取替個数は次のようにして求められます．

まず，表7·3の寿命の確率分布から，この部品の平均寿命は，

$$1\times0.05+2\times0.10+3\times0.15+4\times0.25+5\times0.30+6\times0.15=4.10\ (\text{月})$$

であることがわかります．そこで定常的状態における部品の寿命を4.10（月）としますと，各月において寿命のつきる個数は1,000/4.10=244（個）となります．したがって，全部個別取り替えによるとすれば，その費用は月に24万4,000円かか

表7·4　取替個数の推移

月	取替個数	月	取替個数
0	1,000	7	168.4
1	50	8	220.4
2	102.5	9	263.1
3	160.1	10	274.2
4	275.8	11	246.9
5	357.7	12	223.9
6	260.1	13	234.2

ることになります.

さて，次に何ヵ月目かの月末に一斉取り替えを行なうことを考えてみましょう．そこで1ヵ月ごと，2ヵ月ごと，3ヵ月ごと，……に一斉に取り替えを行なうとした各場合についての費用を計算してみましょう.

まず1ヵ月後に一斉取り替えを行なうとした場合には，総費用は1,000個の一斉取り替えのための費用（1,000×200円＝200,000円）と，その1ヵ月間に寿命のつきる50個を取り替える費用（50×1,000円＝50,000円）の和として25万円になります．2ヵ月ごとに一斉取り替えを行なう場合についても，同様な考え方から1,000個の一斉取り替えに必要な20万円と，その2ヵ月間に寿命のつきる部品の個別取替費用の15万2,500円（152.5×1,000円）の和35万2,500円を1ヵ月平均にして17万6,250円となります．他の場合についても，同様な計算を行なった結果をまとめると表7·5のようになります.

以上の結果から，この場合3ヵ月ごとに一斉取り替えを行なうことが最も経済的であることになります．そしてそのときの月平均費用は17万1,000円です.

以上，取替問題の2つの代表的なタイプについて例題を考え

表7·5　一斉取替費用

（単位：1,000円）

取替間隔	一斉取替分の費用	個別取替分の費用	総　費　用	月当たりの平均費用
1ヵ月	200	50	250	250
2ヵ月	200	153	353	176.5
3ヵ月	200	313	513	171.0
4ヵ月	200	588	788	197.0
5ヵ月	200	946	1,146	229.2
6ヵ月	200	1,206	1,406	234.3

ながらその特徴を明らかにしてきましたが，ここで最後に注意しておかなければならないことは，取替問題の対象は設備機械にかぎらないことです．特に労働損耗の問題は，最近重要性を増しつつある取替問題です．

従業員の雇用や退職の問題は早くから取替問題の例として注目されてきました．たとえば，航空機会社におけるキャビンアテンダントの採用問題はよく知られているものの1つです．長期的な人事計画の分野にも取替理論の適用の可能性は大きいと思われます．

§23 探索問題

【探索問題とは何か】

探索問題は，情報を収集し，それに基づいて1つまたはそれ以上の決定が行なわれるとき，**情報の収集**をどうしたらよいかという問題に関係するものです．これまでに扱ってきた問題では，決定を行なうために必要な情報はすでにもっているか，あるいは得ることができると仮定されています．したがって，問題はどのような決定をすべきかにあるわけです．しかしここでは条件を逆にして，必要な情報があるならばどのような決定をなすべきかはわかっているとし，その情報を得るための最良の方法を求めようとするのです．このような問題に含まれるプロセスが**探索**（search）です．

したがって探索はきわめて一般的に存在するもので，情報の収集が問題の一部分である場合にはつねに探索問題が生じます．探索問題の例をいくつかあげてみましょう．監査は誤りを探索する問題です．一般に会計の問題は，意思決定のために欠かせない情報を提供することを狙いとした探索問題と考えることができるでしょう．鉱物資源の探鉱，石油の試掘なども探索問題です．受入検査や品質管理の手続きの設計もそうです．情報の蓄積やとり出しも探索問題になります．日常生活においては，買物のプロセスにも探索の問題が含まれています．

以上のような探索問題においては，決定の誤りが情報の誤りに基づいて起こりうるということが問題となります．その情報の誤りは，(1)観測の方法と(2)観測数とのいずれか，または双方から起こりうるものです．(1)は観測誤差であり，(2)はサンプリング誤差です．

情報の収集に使えるお金，時間，あるいはその他の資源の総量が一定であれば，これらの２つの誤差は相反する性質をもっています．観測誤差を小さくしようとして，より綿密な観測をしようとすれば観測数は減らさなければならず，したがってサンプリング誤差は大きくなってしまいます．またその逆に，サンプリング誤差を小さくしようとして観測数をふやそうとすれば，１つ１つの観測を綿密にやることはできなくなります．

【探索問題の３つのタイプ】

このような探索問題は，次のような３つの種類に分類することができます．

第１は，資源（お金，時間や労力）の量が一定のとき，どれだけの観測数でそれぞれにどれだけの注意を払ったとき，その結果としてなされる決定の間違いから生じる損失を最も小さくできるかという問題です．この問題の例としては，飛行機による敵の潜水艦の探索の問題があります．もし飛行機が水面上をゆっくりと行動すれば，敵の潜水艦がその下にいれば非常に高い確率でそれを探知することができるでしょう．しかし，そのようなゆっくりとした飛行では広い海域を探索しつくすことができず，したがって味方の艦を襲う可能性のある範囲内の潜水艦を見落としてしまうかもしれません．

反対に，飛行機を非常に速いスピードで飛行させれば，はるかに広い海域を警備することができるでしょうが，その探索の正確さはスピードと高い高度のためにずっと低くなることでしょう．

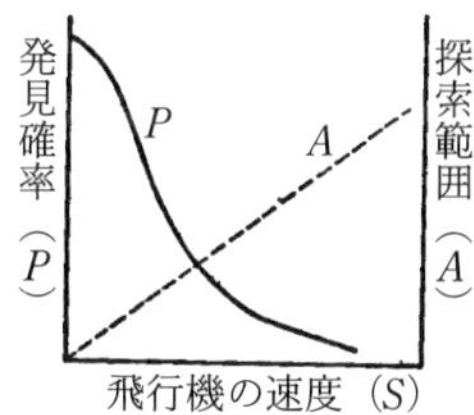

図 7·1 探索速度と発見確率・探索範囲の関係

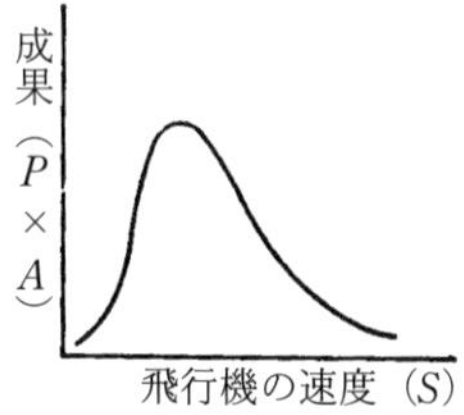

図 7·2 探索速度と成果

すなわち，探索の精度を上げようとすれば探索範囲はせまくなり，逆に探索範囲を広げようとすれば探索の精度は落ちることになるのです．このような関係は図 7·1 および図 7·2 のように示すことができます．そこで問題は，どのようなスピードでどのような範囲を探索するのが最も味方の損害を少なくするかということを考えることになります．

第 2 の探索問題は，どれだけの時間やお金を探索に費やし，その情報を用いることから生じる利益と，その情報を集めるためにかかった費用との差を最も大きくするためにはどうしたらよいかという問題です．たとえば，鉱床を発見しようとしている会社が，本格的な採掘をすべきかどうかを決定する情報を得るために，試掘のためのボーリングを何ヵ所行なったらよいかを決める問題がそれです．これについては，ニッケル探鉱に関して適用され，ボーリングの数を約 50% も節約できたという実例があります．

以上 2 つのタイプの探索問題では，問題は所在のわからないものを探索する手続きを設計することでした．これに対して次の第 3 のタイプの探索問題は，探索されるもの，または情報の位置は自由にすることができるが，探索の手続きは管理できないという場合の問題です．問題は探索が最も有効に行なわれるようにものを配置することになります．たとえば，スーパーマーケットや百貨店で商品をどう配置したらよいかという問題がその1例です．この場合には客がどのような手順で探索するかは，店側はコントロールできませんが，客が欲しいものを発見するチャンスができるだけ大きくなるように商品の配置を考えることができるのです．

最後に，情報の圧縮・貯蔵・復元に関する問題もこのタイプに属することに注意しなければなりません．情報を復元するための費用ができるだけ小さくてすむようにするためには，どのような情報を，どのようなかたちで貯えたらよいかという問題です．これは最近注目を集めている**情報検索**（information retrieval ; IR）の問題です．

§24　競争問題

【競争問題の分類】

競争問題は，意思決定者の決定の有効性が他の人の決定によって影響を受ける場合の問題です．たとえば，1つの会社の広告政策や価格政策の有効性は，競争会社の広告政策や価格政策の如何によって変わってきます．

競争問題は次のように分類することができます．

⑴　競争者の行動があらかじめ確実にわかっている状況の場合があります．たとえば，ある業種では，おもな競争者はいずれも，自分が価格を引き下げれば他の主要会社も対抗上同様な措置をとるだろうということを知っているのが普通です．

⑵　競争者が選択する手段は確実にはわからないが，誤差をもって予測することはできる場合です．たとえば，非公開競争入札の場合には，過去の経緯に基づいて特定の競争者がつけるであろう入札値について，そのいろいろな場合の可能性の大きさを推定することができるでしょう．

⑶　競争者がもっている対抗手段が何であるかについて，前もって何もわかっていない場合です．全くの新製品の導入に対

して，競争者がどう対抗してくるであろうかを考えるような場合はそうでしょう．未知の敵との，未知の時と場所での将来戦に対する計画もそのような状況におけるものでしょう．

【ゲーム理論】

競争状態のうち，私たちに最もなじみ深いものはゲームでしょう．ゲームの最適解を求める理論として，いわゆる**ゲーム理論**があり，これは最近約20年にわたってかなりの発展を示してきました．しかし，理論ではまだごく単純なゲームしか解くことはできず，また実際的問題にゲーム理論が直接適用されたということはほとんどありません．けれどもゲーム理論が科学に与えた影響は大きく，特に「決定理論」と呼ばれる分野でそれが大です．決定理論については第8章で説明します．

ゲーム理論は，企業における実際の問題には直接に適用できませんが，実際の競争問題を私たちが解決する場合の考え方に重要な貢献をしています．この間の事情をウィリアムズは次のように述べています．

「ゲーム理論が現在もっている制約にもかかわらず，今日ではいくつかの応用もありますが，この理論の最大の貢献は目に見えない面におけるものです．すなわち，非常に複雑な問題に直面している人たちに対して，一般的な方向づけを与えていることです．それらの問題は当面はいうまでもなく，おそらく将来も長く厳密には解くことができないでしょうが，問題に取り組む場合の構図をゲーム理論が与えてくれるのです．戦略という概念，競争者の区別，支払いのマトリックス表示* の概念，純粋戦略や混合戦略の概念などは，複雑な対立状況の解を考えている人たちに貴重な指針を与えるものです.**」

---

* ゲームの結果の支払いのやりとりを，自分の戦略と相手の戦略とを見出しにして縦横の表に表わすこと．

** J. D. Williams: *The Compleat Strategyst*, 1954, p. 27

【ゲーミング】

競争状態において，結果を明確に定式化できないような場合には，**ゲーミング**と呼ばれる一種のシミュレーションが用いられます．ゲーミングとは，人間が意思決定者として参加するシミュレーションのことです．すなわち，競争の状況関係は現実のものではなく，モデルにつくられたもの（シミュレートされたもの）ですが，決定者は本物の人間です．

ゲーミングは，軍の場合には戦争ゲームと呼ばれて長い歴史をもっており，かつての日本軍においても兵棋演習として長い間利用されていました．これは将校や兵員を戦闘用に訓練する１つの標準的な方法です．しかし，最近では企業や政府（たとえば外交）の問題における意思決定者の訓練や，競争相手の行動の予測や研究に用いられるようになってきています．ビジネス・ゲーム，国際政治ゲームなどがそれです．現在までにつくられたビジネス・ゲームのうちでは，国際企業時代の経営者の訓練用につくられたシカゴ大学の INTOP（International Operation Game）がおそらく最大のものでしょう．

これまで競争的行動は，だいたいにおいて科学的に予測できないものであるように考えられてきました．しかし，ゲーム理論やゲーミングの発達により，競争問題もいまや科学的アプローチの対象として重要なものとなってきたのです．

8　決定理論

§25　リスクと意思決定

伝統的な経済学における「合理的」な人間像は，利潤最大化や費用最小化の原理に基づいて意思決定をし行動する企業者，効用最大化原理に従う消費者などを考えています．しかし経済的問題についても，現実の人間の行なう意思決定の原理には，普通，経済学の教科書に書かれているようなもの以外のもので無視できないものがいろいろとあります．そのようないろいろな意思決定の原理と計算とを扱うのが**決定理論**です．

一般に人間の意思決定は，将来に対する人間の行動の選択に関するものであり，人間は利用できる情報を評価・分析して，行動の選択に対する将来の結果を予測し，それに基づいて決定をするわけです．この場合，将来起こりうる状態は普通いくつかあり，そのうちどの状態が実際に起こるかは多かれ少なかれ不確かです．ここでその不確かさ，すなわち不確定性の程度に応じ，次の3つの場合を区別することができます．

⑴　確定未来の場合……これはどの行動に対しても，将来どのような状態が起こるかが確実にわかっている場合です．

⑵　不確定未来であるが，確率分布がわかっている場合……これはそれぞれの行動に対して将来起こりうる結果はいくつかあって，そのどれが実現するかは確定はしていないが，どの結果がどのような割合（確率）で起こりそうかがわかっている場合です．これを**リスク**（risk）の場合ということがあります．

⑶　不確定未来で，確率分布がわかっていない場合……これはどの結果がどのような確率で実現するかが全くわかっていない場合です．これを狭い意味で**不確実性**（uncertainty）の場合といいます．

以上の3つの場合のうち，(1)の確定未来の場合は実際にはまずないといってもよいのですが，意思決定のための分析においてこの場合が想定されることがかなり多いのです．それは実際的にそのように想定してもかまわないか，分析が簡単になるというような理由によるものですが，この場合には後に説明する(2)の場合における最尤(ゆう)未来の原理によっていると考えることもできます．

また(3)の場合についてみますと，このときも未来の結果についての確率分布，すなわちどのような状態がどのような確かさで現われそうかということについて全くわからないということはそれほど多くはなく，不完全・不正確ないしは部分的ではあっても，何らかの知識がある場合が多いのです．この(3)の場合の意思決定の原理としては，有名なラプラスの原理やミニマックス原理などがあり，興味のある問題を多くもっています．これについては次の節で説明します．

本節ではリスクの場合について説明します．いま，次のような問題を考えてみましょう．ある機械メーカーがその製品に用いているある外注部品について，その品質を問題にし，受入検査をどうするか決めようとしています．いろいろと研究した結果，次の3つの方針が考えられることがわかりました．

a_1……その部品の受入検査を全く行なわず，機械を顧客に納入後，部品不良のために故障が起こったときには営業部のサービス課員を派遣してよい部品と交換させる．

a_2……検査器Aを導入してその外注部品をすべて検査する．この機械Aは不良部品を9割は見つけ出せるが，1割は見逃してしまう可能性がある．

a_3……Aよりもずっと高価な高性能の検査器Bを導入して全数検査を行なう．検査器Bによれば，不良品は完全に発見できる．

そして，不良部品のためにサービス課員を機械納入先に派遣しなければならなくなったときには平均 2,000 円の費用がかかり，また検査器 A の場合には部品 1 個当たりの検査費は 40 円，B の場合には検査費は同じく 1 個当たり 120 円になることが計算されました．また，経験からこの外注部品には 10% の割合で不良品が含まれているのが普通であることもわかりました．ここで問題は，この機械メーカーは a_1，a_2 および a_3 のうち，どの方針を採用すべきかということです．

さて，この問題を解くために，まずある 1 つの部品を考え，それがかりに不良品であるとしましょう．いま，方針 a_1 すなわち全く検査をしないという方針の場合には．結局機械納入先にサービス課員をやってその部品を取り換えさせねばならず，これは 2,000 円という費用を生じさせるでしょう．

方針 a_2 すなわち検査器 A を導入したときには，この部品の検査に 40 円という費用がかかり，幸いにしてこの部品が不良品であることを発見できればそれだけの費用ですみますが，不良品であることがわからないままのチャンスが 10% あり，その場合には検査費 40 円に加えて 2,000 円の費用が発生することになります．したがって方針 a_2 を採用したとき，不良部品に対しては，それを見逃してしまったときは 2,040 円の費用，それを発見できた場合には 40 円の費用が発生することになり，見逃すチャンスが 10%，発見できるチャンスが 90% ですから，平均的に考えますと

$$2{,}040\times 0.1+40\times 0.9=240\ (\text{円})$$

すなわち 240 円の費用がかかるということになります．

次に方針 a_3，すなわち検査器 B を導入したときには，不良品は必ず発見されるわけですから，120 円の検査費だけですみます．

さて，こんどは部品が良品である場合について考えてみましょう．方針 a_1 のもとでは検査をしませんから費用は 0 です．方針 a_2 のもとでは検査費 40 円だけです．最後に方針 a_3 の場

合には検査費 120 円だけの費用になります．

以上の結果は表 8·1 のようにまとめて表わすことができます．表は左側の見出しに 3 つの方針 a_1, a_2, a_3 をとり，上側には部品について起こりうる状態である不良か良かをとります．そうすると，部品の 2 つの状態と 3 種類の方針との組み合わせで 6 つの場合ができ，それぞれについて発生する平均費用が表に示されているわけです．

このように，私たちにとってとりうるいくつかの方針があり，また将来起こりうる状態としていくつかの可能性がある場合に，方針と状態とで縦横に組み合わせをつくって，それぞれに対応する費用（または利益のこともあり，一般的には意思決定者にとっての何らかの価値の測度で，これを**ペイオフ** payoff と呼びます）を記入したものを**ペイオフ行列**（payoff matrix）と呼びます．

したがって一般に方針が $a_1, a_2, \cdots\cdots a_m$ と m 種類，起こりうる状態が $S_1, S_2, \cdots\cdots, S_n$ と n 種類あるときのペイオフ行列

表 8·1　ペイオフ行列

部品の状態 ＼ 方針	不　良 （確率＝0.1）	良 （確率＝0.9）
a_1	2,000	0
a_2	240	40
a_3	120	120

表 8·2　一般のペイオフ行列

状態（確率） ＼ 方針	S_1 (P_1)	S_2 (P_2)	…… ……	S_n (P_n)
a_1	$V(\theta_{11})$	$V(\theta_{12})$		$V(\theta_{1n})$
a_2	$V(\theta_{12})$	$V(\theta_{22})$		$V(\theta_{2n})$
⋮				
a_m	$V(\theta_{m1})$	$V(\theta_{m2})$		$V(\theta_{mn})$

は表 8·2 のように書けるでしょう．ここで θ_{ij} は a_i という方針をとり，S_j という状態が実現したときに現われる結果であり，$V(\theta_{ij})$ はその結果が意思決定者に対してもっている価値です．また P_j は状態 S_j の実現する確率です．

このペイオフ行列は，不確定未来に対する意思決定の問題を考えるときに非常に有用なものであり，かつ原理的には基本的に重要なものです．ただ，これがどんな場合でも簡単に書けるものではなく，一般にはかなり困難な仕事であり，また不可能であることも多くあります．

【期待値原理】

表 8·1 に示しましたペイオフ行列は，私たちがいま考えている機械メーカーの受入検査についての方針決定の問題を解くために必要な情報を簡潔に要約しております．あとはどのような意思決定原理によるかを決めさえすれば，問題を解くことができます．

第 1 に，最もよく知られており，よく用いられるのは**期待値原理**です．a_1 すなわち全然検査をしないという方針をとると，部品が不良の場合には 2,000 円の費用を発生し，良品のときには費用は 0 です．受入部品 100 個に 10 個は不良品ですから，100 個につき 2,000×10＝20,000 (円) の費用が生じます．これは 1 個当たり 200 円の費用ということになります．方針 a_2 すなわち検査器Aを用いるときには，部品 100 個のうち 10 個の不良品については 1 個当たり平均 240 円の費用，90 個の良品については 1 個当たり 40 円の費用ですから，240×10＋40×90＝6,000 (円) が 100 個当たりの費用となり，これを 1 個当たりの費用にすると 60 円ということになります．方針の a_3 の場合には良品についても不良品についても 120 円の費用ですから，1 個当たりの費用は 120 円です．

これらの数字は普通，次のようにして計算されます．それぞれの方針に対してそれぞれの状態が起こる確率を，それが起こったときの費用（ペイオフ）に乗じ，その結果を起こりうるすべての状態（いまの例では2つ）について加え合わせるのです．

a_1 に対しては，

$2{,}000\times0.1+0\times0.9=200$ (円)

a_2 に対しては，

$240\times0.1+40\times0.9=60$ (円)

a_3 に対しては，

$120\times0.1+120\times0.9=120$ (円)

このようにして計算されたものが費用の期待値と呼ばれるもので，期待値原理はこれが最小になるような（一般的にはペイオフの期待値が最大または最小になるような）方針を選択せよという原則です．したがってこの場合には方針 a_2 がとられることになります．

この期待値原理は，状態の出現や方針の決定について多くの繰り返しがあるような場合には適当であっても，**1回かぎりの決定**とかごく少ない数の繰り返ししか含まない問題の場合にはあまり有用ではない，という批判を受けなくてはなりません．これに対して実際期待値原理では不満足な，1回かぎりの重大な決定もありますが，しかしその場合でも，かりにそのような決定を何回も繰り返して行なうとすれば，どのような行動を選択するのが最良かというように考えるしかないではないかという反批判もあります．

【最尤未来の原理】

私たちはここでは，このような論争にはこれ以上立ち入ることなく，次に第2の決定原理として**最尤**(ゆう)**未来の原理**を取り上げることにします．これは起こりうる未来の状態のうち最も起こる可能性の大きい状態，すなわち実現する確率の最も大きい状態にだけ着目し，その状態が起こることがあたかも確定しているかのように考えて行動を選択するものです．私たちの例では，起こりうる状態は2つだけであり，そのうち部品が良品であるという状態が最も確からしい状態ですから，良品である場合だけを考えて最もよい方針を選ぶことになります．そうすると費用が0である方針 a_1 が最良という結論になります．

実際に，この最尤未来の原理に基づいてなされている決定は数多くありますが，一般的にこの原理が適しているのは繰り返さない決定問題，ある1つの状態の確率が他を大きく引き離しており，起こりうるすべての状態についてペイオフの大きさがあまり大きくかけ離れていない場合であるといえます．

たとえば火災保険への加入のように，確率は小さくとも起こった場合の損失が非常に大きいような状態（火災）を起こりうる状態の中に含むような場合には，この原理は用いられません．

【安定性原理】

期待値原理および最尤未来の原理の次に第3の原理として**安定性原理**が考えられます．私たちの例では，機械メーカーは平均費用だけでなく，費用の変動にも関心をもっているでしょう．いま，この費用の変動をはかるのに統計学で用いる**分散**という測度を利用しますと，3つの方針について次のように計算されます．

方針 a_1 の場合：$2{,}000^2\times0.1+0^2\times0.9-200^2=360{,}000$

方針 a_2 の場合：$2{,}040^2\times0.01+40^2\times0.99-60^2=39{,}600$

方針 a_3 の場合：$120^2\times0.1+120^2\times0.9-120^2=0$

ここでこの機械メーカーは，次のように考えるかもしれません．「方針 a_3 は平均して費用がいちばん少ないやり方ではない．しかしこの場合には私たちはどの機械についても検査がどれだけの費用を発生させているかを正確につかんでいるわけである．費用はつねに安定しており，このことはそれだけでも価値のあることである」と．

なおこの例では，方針 a_3 のもとでは不良部品によるトラブルがなくなって，顧客の信用に好影響を与えるという重要な面があるわけですが，そのような目に見えない利益はいまは考えないことにします．

このように費用や利益の平均的大きさだけでなく，その安定性を考慮した決定原理が安定性原理で，これを一般的な形でいうと次のようになります．

(1)　もし2つの方針の期待ペイオフが同じであるならば，ペイオフの分散の小さい方の方針を選択せよ．

(2)　もし2つの方針のペイオフの分散が同じであるならば，期待ペイオフの有利な方の方針を選択せよ．

このようなかたちで述べられた安定性原理は，**期待値・分散原理**と呼ぶこともできるでしょう．ここでペイオフの期待値も分散も異なるような方針の間での選択はどうなるかという疑問が当然出てきますが，この場合には期待値と分散すなわちペイオフの大きさと安定性とを相対的にどのように評価するかが問題で，一般的には意思決定者の主観と問題の性質とによりその相対的評価は異なるとしかいえないでしょう．

ただここで1つ注意しておきたいことは，たとえばペイオフが貨幣額で表わされている場合に，貨幣の限界効用逓減の法則を前提にしますと，効用で表わされたペイオフの期待値の中に貨幣ペイオフの期待値と分散とが安定性原理の説くようなかたちで現われることです．いいかえれば，貨幣ペイオフについての安定性原理は貨幣の限界効用逓減の法則から導くことができるということです．

よく企業の行動原理は最大利潤の追求ではなく，安定利潤の追求であるといわれます．私たちは，一般的に企業はその「効用」指標の最大化を目ざして行動するということができると思いますが，その「効用」指標を決めるものの中に，利潤額そのものはもちろんですが，利潤の安定性という要素が大きなウェイトではいっていることを認めざるをえません．

そのほかにも企業の効用指標を決ある要素があることが最近いろいろと議論されていますが，それにはここでは立ち入ることはできません．ただ，ペイオフとしてそのような一般的な効用指標をとる場合には，安定性原理が期待値原理の一部分としてその中に包含されてしまう可能性があることを指摘しておきます．

【要求水準原理】

確率分布がわかっているときの不確定未来に対する第4の意思決定原理として，**要求水準原理**を考えることができます．これは私たちの機械メーカーの例では次のようになります．この機械メーカーは次のように考えているかもしれません．「いまの場合，120円とかそれ以下の範囲での費用ならば問題ではない．しかし，2,000円やそれを越えるような大きな費用が発生するとすればそれは重大である」と．

このように考えますと，2,000円以上になるような費用が発生するチャンスが最も小さい方針を選ぶのがよいということになるでしょう．そうすると，方針 a_1 ではそのチャンスは10%，a_2 では1％，a_3 では0％ですから，方針 a_3 が選ばれることになります．

要求水準あるいは**希望水準**とは，意思決定者が達成したいと希望する利潤額の水準，またはそれを越えないようにしたいと希望する費用の水準というような，意思決定者が希望するペイオフの水準を意味します．いま要求水準を K とすれば，実現するペイオフが K 以上になる確率がいちばん大きくなるような方針を選択せよというのが要求水準原理です．

この要求水準原理は実際にかなり広く用いられており，またそのペイオフとして利潤や費用など貨幣表示のもののほかに，いろいろなものがあることがわかります．たとえば企業がその設備の実働率を少なくとも70%に維持したいというような場合があります．また配当率を10%より下げないようにしたいという場合もそれです.

企業でよく用いられる標準原価などの種々の標準値は，ある意味で要求水準を表わしているものと考えることができるでしょう.

この要求水準原理は，たいていの意思決定の問題においては，最良の方針が探求されるというより，むしろ受け入れることができる方針が選択されるという考え方を背景にしていると思われます．要求水準は，ある方針が容認することのできるものであるかどうかを判別するための基準になるものであると考えられるからです.

要求水準原理が意思決定原理として重視されなければならないような事態は，広く存在しています．最良の行動方針を広く捜し求めることが困難であったり，または費用のかかる場合，結果の評価がむずかしいか不可能である場合，時間的にあるかぎられた間にしか選択できないような方針があるとき（たとえば土地を売ろうとするとき，時間的にバラバラに買い手がくるような場合）などです.

以上不確定な将来状態について，その確率分布がわかっているときの意思決定原理を4つ説明してきました．方針選択の結果をまとめると表8·3のようになります.

この表の示すように，同じ問題に対しても，意思決定原理として異なるものが適用されれば選択される行動方針は違ってきます．いうまでもなく，ここで例示した問題は，この点を強調

表8·3　決定原理と方針選択

決定原理	方針選択
期待値	a_2
最尤未来	a_1
安全性	a_3
要求水準	a_3

するためにつくられた問題であり，現実にはこのようにバラバラな選択結果を生むような問題は多くはないかもしれません．

しかしながら，人間の意思決定がつねに 1 つの原理にではなく，時と場合により異なった原理に基づいてなされることを認めることは，意思決定者としての私たち自身にとっても重要であり，また企業や社会における人間行動の観察者としての私たちにとって，その理解に欠くことのできないことでしょう．

なお，以上では問題に関係する情報を得ることに関する困難や，目に見えない要素についての判断の果たす役割などについてはそれを無視していますが，実際にはその重要性が大きいことを断っておきます．

§26　不確実性と意思決定

不確実性とは将来起こりうるいろいろな状態について，その客観的確率が存在しないような場合を意味します．経営における意思決定は，多くの場合 1 回かぎりで繰り返しのない事柄に関するものであり，そのような場合にはいかなる意味でも客観的確率が存在しないことになります．しかしこの場合でも，意思決定者が主観的に確率を決定できるならば，それを客観的確率分布と同じように使って，期待値原理その他リスクの場合の原理を適用することができます．

このような主観的確率の利用についてはいろいろと議論がありますが，最近ではその積極的利用に注目する人がふえつつあります．しかしここではそのような議論に立ち入ることなく，不確実性のもとでの意思決定の原理のおもなものについて説明しましょう．

いま次のような単純化された例で考えてみます．どれも時価 100 円の 3 つの株式 A，B，C があり，そのどれかに投資するとします．これらの株式の値上がりはともに国民経済の成長に依存します．この成長については大別して 3 つの場合，すなわ

表 8·4　株式投資のペイオフ表

（単位：円）

行動＼状態	高成長 S_1	不変成長 S_2	低成長 S_3
a_1：Aに投資	40	10	−20
a_2：Bに投資	20	10	15
a_3：Cに投資	30	20	5

ち従来より高成長，不変成長，従来より低成長の場合が考えられるとします．そしてこれら3つの場合についてそれぞれの株式の予想値上がり幅は表 8·4 のようであるとします．このときどの株式に投資すべきでしょうか．

【ラプラスの原理】

ラプラスの原理は，将来起こりうる状態について全く確率がわからない場合には，すべての状態が同じ確率をもっていると考えるべきである，というラプラス（P. S. Laplace）の有名な「無知」ないし「不十分理由」の原則に基づく決定原理です．そこでいま n 種類の状態が起こりうると考えられるとすれば，各状態には $1/n$ という確率が与えられることになり，その後の計算と決定は期待値原理に従うことになります．表 8·4 の例では，$P(S_1)=P(S_2)=P(S_3)=1/3$ と考えられるわけですから，期待ペイオフ（期待値上がり幅）は

a_1 の場合：$40\times(1/3)+10\times(1/3)+(-20)\times(1/3)=10$（円）

a_2 の場合：$20\times(1/3)+10\times(1/3)+15\times(1/3)=15$（円）

a_3 の場合：$30\times(1/3)+20\times(1/3)+5\times(1/3)=55/3$（円）

と計算され，したがって行動 a_3 すなわち株式 C が選択されることになります．

このラプラス原理の難点はきわめて明らかなので，実際にはまず用いられることはありません．

【マクシミン（またはミニマックス）原理】

これはワルト（A. Wald）がはじめて提案した考え方で，最

小のペイオフ（最悪の場合のペイオフ）が最大になるような行動を選択せよというものです．表8·4の例についていえば，行動 a_1 を選んだ場合には最悪の場合は状態 S_3 が実現したときで，値上がりは −20円（すなわち20円の値下がり）であり，行動 a_2 を選んだ場合には状態 S_2 が実現したときが最悪で，そのときの値上がりは10円，そして a_3 を選んだ場合には S_3 が最悪の場合で，そのときの値上がりは5円です．これらの3つの場合を比較して a_2 を選ぶのが最もよいという結論になります．ペイオフがたとえば費用のように非効用指標で表わされている場合には，最大費用を最小にするという**ミニマックス原理**になります．

このような考え方は，不確定な将来に対してその最も暗い面，最も不利な場合だけに注目するという全く保守的・悲観的な態度に基づいています．したがって私たちの態度がそのような特徴にいろどられている場合には説得力のある決定原理です．

【マクシマックス原理】

マクシミン原理と全く逆に，最も楽観的な態度を反映した決定原理がこの**マクシマックス原理**です．すなわち，われわれにとって最もつごうのよい状態が実現すると考え，そのうえで最大のペイオフが得られるような行動を選択するのです．表8·4の例では，a_1 については S_1 が実現したときが最善，a_2 についても S_1 が実現したときが最善，そして a_3 についても S_1 が実現したときが最善です．

そこですべての行動について状態 S_1 の起こる場合を比較し，その中で最善の場合を選ぶことになりますから，この原理によれば行動 a_1 すなわち株式 A が選択されることになります．

【ハーヴィッツの原理】

ハーヴィッツ（L. Hurwicz）は，マクシミン原理とマクシマックス原理がそれぞれ悲観と楽観の極端にすぎるとして，両者の中間の原理を提案しました．人々の楽観性の程度はその個性によって異なるだけでなく，決定問題の種類や状況によっても異なります．そこでハーヴィッツは楽観度の係数αを考え，αは0と1の間の数とし，αが1に近いほど楽観度が高く，0に近いほど悲観度が高いとしました．そしてハーヴィッツの決定基準は，「最大ペイオフのα倍と最小ペイオフの$(1-\alpha)$倍との和が最大になるような行動を選択せよ」ということになります．表8·2の記号を用いれば，

$$\alpha \max_j V(\theta_{ij}) + (1-\alpha) \min_j V(\theta_{ij})$$

を最大にするようなa_iを選ぶということです．

表8·4の例では，

a_1の場合：$40\alpha+(-20)(1-\alpha)$
a_2の場合：$20\alpha+10(1-\alpha)$
a_3の場合：$30\alpha+5(1-\alpha)$

が比較され，その最大なものが選ばれることになります．いま$\alpha=2/3$としてみますと，

a_1の場合：$40\times(2/3)+(-20)\times(1/3)=20$
a_2の場合：$20\times(2/3)+10\times(1/3)=50/3$
a_3の場合：$30\times(2/3)+5\times(1/3)=65/3$

となり，a_3すなわち株式Cが選ばれることになります．

また$\alpha=1/5$としてみますと，

a_1の場合：$40\times(1/5)+(-20)\times(4/5)=-8$
a_2の場合：$20\times(1/5)+10\times(4/5)=12$
a_3の場合：$30\times(1/5)+5\times(4/5)=10$

となり，a_2すなわち株式Bが選ばれます．

【ミニマックス・リグレット原理】

サヴィッジ（L. J. Savage）は，意思決定には**リグレット（後悔）**の概念が適当であるとしました．不確定条件下での意思決定では，かりにある状態が実現したと事後的に考えると，

ある特定の1つの行動（実現した状態のもとでの最良の行動）を除いて，他の行動については，かりにそれが選択されていたとすれば後悔が伴います．その後悔の大きさを，最適の行動を選ばなかったためにペイオフがどれだけ小さくなったかで測定することにします．

表8·4について考えれば，その計算により表8·5のようなリグレット（後悔）表をつくることができます．

たとえば，状態S_1が起こったとすれば，a_1が最良の行動ですからa_1については後悔は0であり，これに対してa_2はa_1の場合の40円より20円低い20円のペイオフということになりますから，後悔の値は20で，a_3はa_1の場合より10円低い30円ですから，後悔の値は10です．

サヴィッジはこのリグレット・マトリックスにミニマックス原理を適用するという決定原理を提案しています．すなわち，「最大のリグレットが最小になるような行動を選択せよ」というのがその考え方です．表8·5の例では，a_1については最大のリグレットは35（S_3の場合），a_2についての最大のリグレットは20（S_1の場合），a_3についての最大のリグレットは10（S_1またはS_3の場合）ですから，その最大のリグレットが最小になるa_3すなわち株式Cが選択されることになります．

リグレットの概念は，経済学的には機会費用の概念と同じ性

表8·5　リグレット表

行動＼状態	S_1	S_2	S_3
a_1	0	10	35
a_2	20	10	0
a_3	10	0	10

表8·6　決定原理と行動選択

決定原理	行動選択
ラプラス	a_3
マクシミン	a_2
マクシマックス	a_1
ハーヴィッツ：$\alpha=2/3$	a_3
〃　：$\alpha=1/5$	a_2
ミニマックス・リグレット	a_3

格のものです．したがってそのような概念を慣用している人にとっては，このサヴィッジの考え方は容易に理解できるものでしょう．

以上，不確実性のもとでの意思決定原理にいろいろなものがあり，そのどれに基づくかによって行動の選択が異なるということがわかりました．表8·6がその要約です．それぞれの意思決定原理はそれぞれ説得力をもっており，どんな場合にも最善の意思決定原理は見当たりません．私たちはそのときどきに最も適切な決定原理を選ばなければならないのです．

§27　ベイジアンの決定理論とデシジョン・トリー

【1つの例題】

これまでに，不確定未来に対する意思決定の問題を考えるためにペイオフ行列の考え方が基本的に有用であることを解説しました．ペイオフ行列は，将来起こりうるいろいろな状態と，私たちのとりうるいろいろな行動との組み合わせについて，それぞれの場合に私たちが受け取る利益ないしは支払う損失を行列の形に書いたものです．

しかし，このペイオフ行列は，意思決定の問題の分析にどんな場合でも便利であるわけではありません．1つには，将来の状態や私たちの行動が連続的な量によって特徴づけられている場合には，ペイオフ行列は事実上書けなくなります．このような場合には数学的方程式モデルが用いられます．しかしそのような場合でなくとも，ペイオフ行列が複雑になって不便になることがあります．特にわれわれの意思決定は1つ1つがお互いに関連のない孤立的なものではなく，相互依存的な一連の意思決定が考えられなければならないことが多いからです．そこで次に，ペイオフ行列によるものと別の意思決定の方法を解説することにしましょう．

いま，次のような投資の問題を例にとってみます．ある新製品を生産するための小さな工場を建設するかどうかというのが中心の問題です．この製品に対して消費者がどのように反応するかは，現在は全くわからない状態です．そこでまず，いますぐ工場を建設するかどうかを決め，建設ということになったらすぐ着工するか，それとも市場調査を行なって，その結果によって決定を下すかどちらかの選択が問題であるとします．

これから解説する方法の基本的性格の理解を容易にするために，問題はできるだけ単純にし，次のように仮定しましょう．まず消費者は，この製品を受け入れてくれる状態にあるか（これを S_1 とします），または受け入れない状態にあるか（これを S_2 とします）のどちらかで，現在のところその見通しは全く五分五分であるとします．すなわち S_1 である確率も S_2 である確率もともに 1/2 です．

そして，市場調査では次の 2 つのうちのどちらかの結果が得られるとします．1 つは「消費者の状態は S_1 である」という結果で，これを s_1 と書きます．もう 1 つは「消費者の状態は S_2 である」という結果で，これを s_2 と書きましょう．市場調査の結果は必ずしも正確ではなく，たとえば消費者の真の状態は S_1 であるにもかかわらず，s_2 という（誤った）結果が得られることもあります．

いま，この市場調査の正確さを表 8·7 のように仮定します．表 8·7 はたとえば真の状態が S_1 であるときに，s_1 という（正しい）調査結果が得られる確率が 0.8，s_2 という（誤った）調

表 8·7　市場調査の正確さ

調査結果	真の状態	
	S_1	S_2
s_1	0.8	0.1
s_2	0.2	0.9
計	1.0	1.0

査結果が得られる確率が0.2ということを示しています．

次に，いますぐ工場建設に着工した場合，消費者の状態がS_1であったときには利益が1ヵ月当たりに100万円，消費者の状態がS_2であったときには損失が同じく1ヵ月当たり80万円と予想されるとします．また市場調査には1ヵ月当たりの費用に換算しで5万円の経費がかかり，調査の結果によって工場建設を決定した場合には着工および完工が遅れ，その間に競争企業の進出も予想されるために，消費者の状態がS_1であったときには1ヵ月当たりの利益が80万円，消費者の状態がS_2であったときには1ヵ月当たり90万円の損失が予測されるとします．

ここで問題は，工場建設に投資するかどうか，そしてその決定をいますぐに行なうか，それとも市場調査の後に行なうかということです．

【デシジョン・トリー】

上で提出しました問題では，私たちがどのような決定を行なうかということと，起こりうる不確定な状態のうちのどれが実現するかによっていろいろな場合に分かれますが，それを図8·1のように描くことができます．図8·1はいろいろな場合の

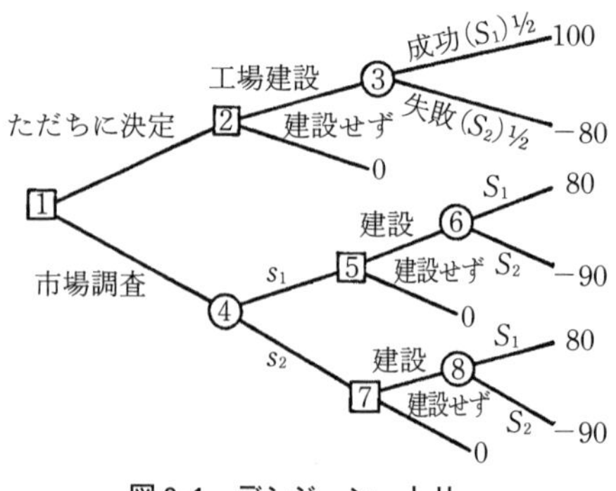

図8·1　デシジョン・トリー

分かれるようすがちょうど木の枝が分かれるように描かれていますので，**デシジョン・トリー（意思決定の木）**と呼ばれます．このデシジョン・トリーの枝の分かれる点には2種類あります．1つは決定がなされる点で，**デシジョン・ポイント**と呼ばれ，図8·1では四角の印で示しておきました．もう1つは不確定状態の分かれる点で，これは**不確定点**と呼ばれ，図では丸印で示されています．

図8·1のデシジョン・トリーは，まず工場建設についての決定をただちに行なうか，または市場調査の後に行なうかの決定により，上半分と下半分とに大きく分かれています．そして上半分は工場を建設するかしないかの決定によりさらに2つに分かれ，そのまた上半分が消費者の状態（S_1 または S_2）によって2つに分かれています．また下の大きな半分は市場調査の結果（s_1 または s_2）によって2つに分かれ，そのそれぞれが上の半分と同じように枝分かれしています．そしてそれぞれの枝の先端には対応する利益（負の場合は損失）を表わす数字が書かれています．

このようなデシジョン・トリーはペイオフ行列に比べると，決定と不確定事象との連鎖的な関係をより明瞭に示すことができるという長所をもっています．

そこで次の問題は，意思決定のための計算をどのように行なうかということです．計算の基本的な方針は，トリーの枝の末端から出発し，不確定事象の分かれるところ（不確定点）では各分枝に対応する利益と確率とを用いて平均利益を計算し，デシジョン・ポイントにおいてはそこからの分枝のうち最大の平均利益をもつものを選ぶということになります．

いま，トリーの上半分について計算してみましょう．これは調査なしで工場建設の可否を決定しようというわけですから，不確定点③では成功（S_1）と失敗（S_2）とがそれぞれ確率1/2をもって分かれていることになります．したがって，ここでの

平均利益は $100\times1/2+(-80)\times1/2=10$ (万円) となります.

これはデシジョン・ポイント[2]での上の枝 (工場建設) に対応する平均利益で，そこでの下の枝 (建設せず) の対応する利益0と比較してそれより大ですから，デシジョン・ポイント[2]では上の枝が選ばれることになります．いいかえれば，調査なしで決定がなされるとすれば，工場を建設するという決定になり，そのときの期待利益は月当たり10万円です.

【ベイズの定理による確率の修正】

次に，図8·1のデシジョン・トリーの下半分の枝についての計算を考えますと，これは少々こみ入ったものになります．下半分を分析するためには，いまのところ不確定点④，⑥および⑧からの分枝に対応する確率がわかっていませんから，まず必要な確率を計算しなければなりません.

まず不確定点⑥について考えてみましょう．ここでは消費者が新製品を受け入れてくれるか (S_1)，それとも受け入れてくれないか (S_2) に枝が分かれていますが，この2つの枝の確率は不確定点③の場合と同じく1/2と1/2として考えるわけにはゆきません．なぜなら，不確定点③は市場調査をしない方の枝にあるのに対し，不確定点⑥は市場調査をする方の枝にあるからで，しかも調査の結果では「消費者は S_1 の状態にある」(s_1) であることがすでにわかったという状態にあることを注意してください.

それでは，⑥からの枝の確率を計算するにはどうしたらよいでしょうか．ここで登場するのが古典的な**ベイズ** (Bayes) **の定理**であり，それを利用する考え方の背後にあるのが**主観的確率論**です.

不確定点③からの枝の確率は，市場調査の行なわれない前に意思決定者が消費者の状態に関して与えている (主観的) 確率であると解釈することができます．この確率は，市場調査の結果がわかった後ではその情報の影響を受けて変化すると考えられます．それでは，その確率はどのように修正されるでしょうか．不確定点⑥では，市場調査の結論が「消費者の状態は S_1 である」(s_1) としていることがわかっているわけですから，それは少なくとも S_1 に対する意思決定者の確信（主観的確率）を高めるであろうと考えられます．ベイズの定理では，これを次のように計算します．

まず先の表8·7から S と s との**同時確率**を計算します（表8·8）．たとえば，S_1 と s_1 の同時確率とは，S_1 でありかつ s_1 である確率，いいかえれば消費者の真の状態が S_1 でありかつそのとき調査結果が s_1 と出ることの確率です．これは真の状態が S_1 であるときに調査結果が s_1 と出る確率（これを S_1 という条件のもとでの s_1 の**条件つき確率**といい，$P(s_1|S_1)$ と書きます）に，S_1 の確率 $P(S_1)$ を掛けたものです．前者の条件つき確率は，表8·7に与えられているものであり，後者としては調査前の主観的確率である1/2を用いて，S_1 と s_1 の同時確率 $P(S_1, s_1)$ は，$P(s_1|S_1)\cdot P(S_1)=0.8\times0.5=0.4$ となります．表8·8の他の数字も同じようにして表8·7から計算されます．

ところで，表8·8で s_1 の行の数字を加えたもの（0.45）は，真の状態の如何にかかわらず，とにかく市場調査の結果が s_1 と出る確率（これを s_1 の**周辺確率**といいます）を表わします．同様に s_2 の周辺確率は0.55となります．したがって，この2つが市場調査の2つの結果 s_1，s_2 の確率となるわけです．

図8·2に問題のデシジョン・トリーの下半分を再掲しました

表8·8　同時確率 $P(S, s)$

真の状態 ＼ 調査結果	S_1	S_2	周辺確率
s_1	0.4	0.05	0.45
s_2	0.1	0.45	0.55
周辺確率	0.5	0.5	1.00

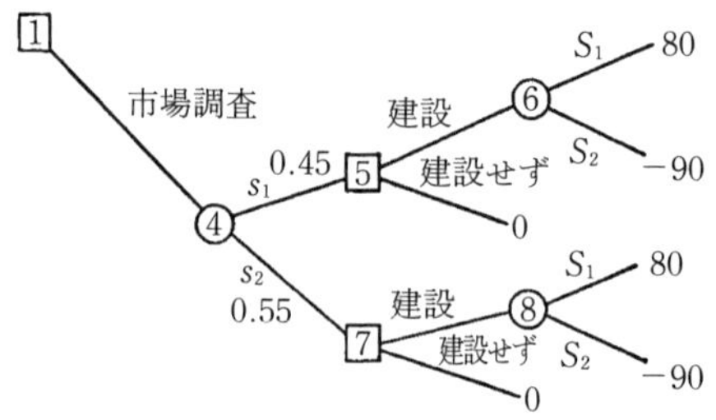

図 8·2　デシジョン・トリーの下半分

が．不確定点④からの 2 つの枝のそばに書かれている数字がこれらの確率を表わす数字です．

これで前掲のデシジョン・トリーの不確定点⑥および⑦からの分枝の確率をベイズの定理を用いて計算することができます．消費者の状態が S_1 であるか S_2 であるかについては，市場調査前には全く見当がつかず，S_1 である確率も S_2 である確率も 1/2 であったわけですが，市場調査後にはその結果によって S_1 ないし S_2 についての見込みが変わると考えるのが当然でしょう．もし調査の結果が s_1（「消費者の状態は S_1 である」という結論）であれば，S_1 の（主観的）確率が高くなり，調査の結果が s_2（「消費者の状態は S_2 である」という結論）であれば S_2 の（主観的）確率が高くなると考えられます．

前に計算しましたが，消費者の真の状態のどちらかを問わず，とにかく調査の結果が s_1 である確率は 0.45 でした（s_1 の周辺確率）．しかし，そのうち真の状態が S_1 であるのは 0.4 でした（S_1 と s_1 の同時確率）．したがって，調査結果が s_1 であるとき，それが消費者の真の状態が S_1 であることによる確率は $0.40/0.45=8/9$ であると考えることができます．これがベイズの定理です．

ベイズの定理は，真の状態 S が与えられたときの調査結果 s の条件つき確率 $P(s|S)$（これが市場調査の正確さを示した表

8·7です）に基づいて，調査の後結果 s がわかったときの真の状態 S の確率 $P(S|s)$（これは s がわかったときの S に対する確信を表わします）を求めるために用いられるのです．

以上のことを式で表わすと，次のようになります．

$$P(S_1|s_1)=\frac{P(s_1|S_1)P(S_1)}{P(s_1|S_1)P(S_1)+P(s_1|S_2)P(S_2)} \tag{8.1}$$

ここで，右辺の分母は s_1 の周辺確率であり，分子は S_1 と s_1 の同時確率です．左辺は s_1 という条件のもとでの S_1 の条件つき確率で，いいかえると s_1 という調査結果が得られたとき，それが S_1 が真の状態であることに原因する確率ですから，s_1 の原因が S_1 であることの確率と考えることができます．

同様にして，調査結果が s_1 であるとき，それが S_2 を原因とすることの確率は，S_2 と s_1 との同時確率 0.05（前掲表8·8参照）を s_1 の周辺確率 0.45 で割った値，すなわち 1/9 となります．調査結果が s_2 であったときも同じようにして計算すると，s_2 が S_1 を原因とする確率は 2/11 に，s_2 が S_2 を原因とする確率は 9/11 となります．

以上を振り返ってみますと，次のように要約できます．私たちがデシジョン・ポイント②にいるときには，S_1 および S_2 に対して与える私たちの主観的確率はともに 1/2 です．ところが，まず市場調査を行なうことにして，その調査から s_1 という結果が得られたときには，私たちはデシジョン・ポイント⑤に位置することになり，そのとき私たちが S_1 および S_2 に与える主観的確率はそれぞれ 8/9 および 1/9 となります．

また，市場調査から s_2 という結果が得られたときには，私たちはデシジョン・ポイント⑦に位置し，そのとき私たちが S_1 および S_2 に与える主観的確率はそれぞれ 2/11 および 9/11 となります．このように，市場調査からの情報によって消費者の状態についての私たちの主観的確率が修正されることにな

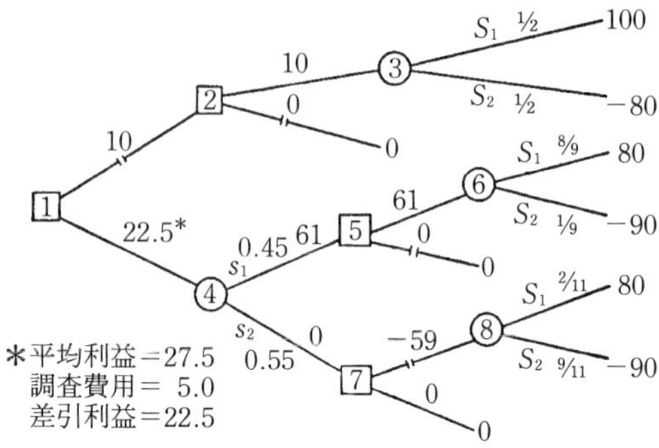

図 8·3　デシジョン・トリーによる意思決定のための計算

り，その確率を用いて不確定点⑥および⑧における平均利益が計算されるわけです．

図 8·3 に全体の計算結果を示しました．ここではデシジョン・ポイントからの分枝には対応する平均利益が，また不確定点からの分枝には対応する平均利益と確率とが付記されています．またデシジョン・ポイントからの分枝で選択されないものは 2 本線で消されています．結論としては，市場調査を実施し，その結果が s_1 であれば工場を建設し，s_2 であれば工場を建設しないというのが最良ということになります．

【ベイジアンの決定理論の意義と貢献】

以上，説明しましたようなベイズの定理や主観的確率論に基づいた決定理論は，**ベイジアンの決定理論**（Bayesian decision theory）として最近しだいにその有用性が注目されるようになりました．ここではその基本的な考え方をデシジョン・トリーと結びつけて，1 つの単純化された例で一緒に紹介することを狙いました．もちろん，デシジョン・トリーはベイジアンの決定理論と結びつけなくても不確定条件での意思決定問題の分析に用いることができます．

複雑な決定問題になると，そのデシジョン・トリーは非常に多くの枝をもったものになりますが，デシジョン・トリーが描かれ，分枝の末端ならびにその他必要な分枝に対応する利益や費用の数字と，各不確定点からの分枝に対応する確率が求められれば，後の計算は原理的に私たちの単純な例の場合と全く変わりません．

複雑な意思決定の問題をデシジョン・トリーによって分析することの1つの大きな利点は，意思決定のプロセスがきわめて明瞭になることであり，そのプロセスのいろいろな段階で置かれる仮定や，結果の評価がはっきりすることです．そしてそれにより意思決定者は，自分が将来状態の不確定性のためにどのような危険をおかすことになるかを正確に知ることができるようになるのです．特に決定→不確定事象の実現→決定→……という連鎖を取り扱うには，デシジョン・トリーはきわめて有用な方法です．そして，このような連鎖の過程には，ベイジアンの考え方がはいってこなければならないことがきわめて多いのです．

ベイジアンの決定理論については，ここでほんの入り口だけを紹介したにすぎません．古典的なベイズの定理が，新しい主観的確率論と結びつくことによって脚光を浴びて意思決定理論の領域に登場したのです．客観的確率論を基礎にした，いわゆる近代統計学の創始者たちによって，かつて攻撃の的とされたベイズの理論が，主観的確率論の発展を背景にして新たなよそおいで復活してきたことは注目すべきことです．古典的なベイズの定理における「原因の確率」は，「情報の追加による主観確率の修正」という概念に見事に生まれ変わり，客観確率の存在しないような，繰り返しのない意思決定の問題における実践的指導理論の中核となっているのです．

最後に，図8·3のデシジョン・ポイント①からの2つの分枝の平均利益を比較することにより，この市場調査から得られる情報に対しては，1ヵ月当たりの費用にして最大限17.5万円（27.5万円－10万円）まで支出してもよいということがわかることを指摘しておきます．このことは，情報の価値の計算が意思決定のための計算から可能になることを示唆しているものです．

エピローグ——ORと企業経営

【ORは本当に役に立つか】

以上，私たちはマネジメントの意思決定の科学としてのORについて，その概略を知ることができました．経営の科学としてのORの使命は，経営における管理者の意思決定の有効な道具として役立つことにあります．

しかしながら，ORを用いることによって，本当によりよい決定ができるようになるでしょうか．ORを使うと，それを使わないときには到達できないようなよい決定をすることができるようになるのでしょうか．このような疑問は，多少ともORを学んだ人の大部分がもつ疑問です．

確かに，ORの手法を用いたことによって，大きな費用の節約ができたという事例も少なからずあることはあります．たとえば，配分問題のところでとりあげたハインツ食品会社の場合，LPで最初につくった出荷計画ですでにそれ以前の方法による計画に比べて大きな運賃の節約になったということです．

しかしながら，かなり複雑な問題でも，経験が豊富ですぐれた判断力をもった人が扱えば，多くの場合に試行錯誤で最良の答に非常に近い答を得ることができるでしょう．ORの手法で非常に大きな改善ができたということは，それ以前の人間の判断や直感による答が大きく誤っていたことを示しているだけだとも考えられます．それでは，すぐれた人間の経験と判断があればORのようなものは不用であるということになるでしょうか．いや，そうではありません．

【ORと意思決定】

複雑な問題を科学的な方法の助けなしに正しく解決するためには，経験の豊かな，すぐれた人間の時間をかなり多く使わなければなりません．ところが，そのような人の労働時間は，企業が市場で簡単に手に入れることのできる性質のものではありません．それは，どのような企業にとってもきわめて稀少な資源です．もしそのような貴重な資源が，他のもの（科学的方法）の力を借りてもできることに使われてしまうと，真にそれを必要とするもの，すなわちすぐれた判断力・直感，豊富な経験をもつ人に頼る以外に方法のないような種類の決定のために，それを振り向けることができないことになります．

組織論などで有名なアメリカの学者サイモン（H. A. Simon）は，定型的な問題，すなわち繰り返して起こる性格のものであるために，その構造が明確であるような問題を**プログラムにできる**（programmed）**意思決定の問題**といい，これに対して1回かぎり的な性格の問題で，その構造が明確に確認されておらず，したがってそれを処理するのに定まった方法がないような決定の問題を**プログラムにできない**（non-programmed）**意思決定の問題**と呼んでいます．

この言葉を借用しますと，ORはプログラムにできる意思決定の問題の解決のために貢献できるものであり，その定型的・科学的方法が利用できるにもかかわらず，それを用いないですぐれたマネジメントの稀少な時間を投入することは，それを真に必要とするようなプログラムにできない問題に投入する量を減らさなければならないことに等しいわけです．企業の生死にかかわるような重大な問題には，プログラムにできないような非定型的な問題が大部分であることを考えると，これは全く愚かなことといわなければなりません．

先のハインツ食品会社の場合でも，社の幹部たちの感想によると，出荷計画にLPを使うことから得られた最大の利益の1つは，配送部の幹部を出荷計画を作成することの重荷から解放したことにあったということです．以前は四半期ごとの出荷計画の作成のために，彼らは相当な時間を費やしていましたが，それから解放されて，彼らは自分たちの経験と判断を真に必要とするような問題に専心することができるようになったというのです．

さらに，科学的な方法を用いることのもう1つの重要な利益は，それによる決定が可能なかぎり最善のものであるという確信からくる心の安らぎです．これもハインツ食品会社の幹部の感想として伝えられています．判断や直感による決定は，たとえそれが実際に最善のものであっても，このような心の安らぎを与えてはくれないでしょう．

【1980年代の経営――1つの予測】

ORのような経営の科学の発展は，当然将来の企業経営に大きな変革をもたらさずにはいないでしょう．その変革の影響が，特にコンピュータと結びついてどのようなかたちで現われるかについては，多くの予測がありますが，そのうちの最も有名なものに，すでに10年以上も前（1958年）に書かれたレヴィット（H. J. Leavitt）とウィスラー（T. L. Whisler）の論文「1980年代の経営」があります．

彼らは，定型的な意思決定の問題はORや組織分析の専門家により処理されるようになり，それが結局はコンピュータの仕事となるであろうという予測から，次のような結論を導いています．

(1) コンピュータと意思決定問題への数学的接近法とに基づく新しい情報処理と管理の技術は，計画と作業との境界を上方に押し上げるでしょう．すなわち，かつてIE（**インダストリアル・エンジニアリング**）が工場労働者から計画という職能を奪ったのと同じように，ミドル・マネジメント段階における計画の職能は，それが高度に定型化されてゆくにしたがって，ORや組織分析の専門家の手に移されてゆくでしょう．このことは，定型的意思決定を中心にして，**マネジメントのオートメーション**が進行することを意味します．

(2) このようなマネジメントのオートメーションは，定型的意思決定の主たる担当者であるミドル・マネジメントに最も深刻な影響を与え，ミドル・マネジメントは分解消滅するか，少なくとも縮小する一方，ORや組織分析の専門家の層は新しいエリートのグループとして成長するでしょう．

(3) それに応じて，トップ・マネジメントは現在よりもなお，革新，計画などの創造的な職能を独占的にもつことになり，また分権化に向かってきた大きな経営組織は，ふたたび集権化の道をたどることになるでしょう．

(4) ミドル・マネジメントの急激な再編成は必至であり，その職能の一部は下部に委譲され，他の一部はトップ・マネジメントに移ることになるでしょう．極端にいえば，ミドル・マネジメントは消滅するでしょう．

トップ・マネジメントを他から区別する境界線は，実際の作業をする労働者と，作業はしないで計画や監督だけをする第一線管理者とを区別する線と同じように，従来よりもさらに明確になり，越えがたいものになるでしょう．

このような予言が現実となるかどうかについては，いろいろな要素が関係して多くの議論が分かれています．しかし，コンピュータを導入したわが国の企業について調査した次のような結果があります．表E·1は，日本電子計算開発協会（現日本

表E·1　コンピュータが導入された結果，現在までに管理職の統合や，中間管理層の減少が起こっているか

（単位：%）

起こっている	15.4
起こっていないし，将来も起こらないだろう	28.1
起こっていないが，将来は起こるだろう	56.5
計	100.0

資料＞『コンピュータ白書』（1968年版）274ページ．

経営情報開発協会）が1968年版のコンピュータ白書のために1967年秋に行なった調査からの1つの結果です．これによりますと，全体の15%が管理職の統合や中間管理層の減少を経験しており，57%はこれまでにそれを経験していないが，近い将来に経験するであろうとしています（292社回答）．

このような調査結果をどのように解釈するにせよ，私たちは企業経営におけるORやコンピュータの利用の将来に強い関心をもって注目しなければならないでしょう．

【ORの長期的将来】

第二次世界大戦で注目されたORは，軍事作戦の研究でしたが，その後，在庫管理などORの平和的利用の可能性が注目されることとなりました．それが現在また注目されるようになってきていると述べましたが，それでは長い将来を考えるとどうであるかが問題になります．これは大変難しい問題ですが，それを考えるためにはハイルブローナー（R. Heilbroner）の『企業文明の没落』（宮川公男訳，麗澤大学出版会，平成18年）の第5章が良い参考になります．読者の皆さんも一緒に考えてみてください．

復刊あとがき

本書の第1章とエピローグは1969年に刊行された初版に書かれたものであるため，その後の多くの社会的経済的環境の変化や科学技術の進歩などにより，現在からみると適切ではないと思われる予測などがありますが，その当時の歴史的意義があるのでそのまま残すことにしました．

本書を改めて見てみますと，随所に計算量の大きさと一般的な数学的解法の難しさが指摘されています．そして，コンピュータが進歩し量子コンピュータやクラウドメモリー技術の時代になっていることを考えると，限りなく進歩する時代に，どのようなORの書物も歴史的に遅れたものになり完全なものにはなりえないと感じられてなりません．入門書としての本書もまだ不完全なものであると思います．

参 考 文 献

次にあげる書物は，本書よりすすんだ研究のための参考書です．

〔1〕 宮川公男『オペレーションズ・リサーチ』春秋社，昭45.

〔2〕 C. West Churchman, Russell A. Ackoff and E. Leonard Arnoff; *Introduction to Operations Research*, John Wiley, 1957（森口繁一監訳『オペレーションズ・リサーチ入門』紀伊国屋書店，昭33）.

〔3〕 Maurice W. Sasieni, Arthur Yaspan and Lawrence Friedman; *Operations Research: Methods and Problems*, 1957（森口繁一監訳『オペレーションズ・リサーチ——手法と例題』紀伊国屋書店，昭35）.

〔4〕 Russell L. Ackoff and Maurice W. Sasieni; *Fundamentals of Operations Research*, John Wiley, 1968（松田武彦・西田俊夫訳『現代ORの方法』日本経営出版会，昭45）.

〔5〕 Douglas J. White, William A. Donaldson and Norman L. Lawrie; *Operational Research Techniques*, Business Books, 1969.

〔6〕 Fredrick S. Hillier and Gerald J. Lieberman; *Introduction to Operations Research*, Holden Day, 1967.

〔7〕 Harvey M. Wagner; *Principles of Operations Research: With Applications to Managerial Decisions*, Prentice-Hall, 1969.

索　引

本書は 1969 年 9 月に，日本経済新聞社より日経文庫として刊行された
『経営学入門シリーズ　OR 入門』を，加筆・修正のうえ刊行したものです.

著者略歴
宮川公男（みやかわ・ただお）

昭和28年一橋大学経済学部卒業．商学博士．現在，一橋大学名誉教授，麗澤大学名誉教授．財団法人統計研究会理事長，経営情報学会会長，経済企画庁経済研究所システム分析調査室室長，財団法人医療経済研究機構評議員会長などの要職を歴任．

主な著書に『意思決定の経済学Ⅰ・Ⅱ』丸善，『オペレーションズ・リサーチ』春秋社，『基本統計学［第5版］』有斐閣，『政策科学入門』東洋経済新報社，『統計学の日本史』東京大学出版会，『不確かさの時代の資本主義』東京大学出版会，『意思決定論（新版）』中央経済社，『経営情報システム』中央経済社，『計量経済学入門』丸善出版などがある．

主な訳書にハイルブローナー『企業文明の没落』東洋経済新報社，ハイルブローナー『未来へのビジョン――遠い過去，昨日，今日，明日』東洋経済新報社，フリードマン『消費の経済理論――消費函数』巌松堂などがある．

OR 入門

令和6年6月25日　発　行

著　者　宮　川　公　男

発行者　池　田　和　博

発行所　丸善出版株式会社
〒101-0051　東京都千代田区神田神保町二丁目17番
編集：電話(03)3512-3261／FAX(03)3512-3272
営業：電話(03)3512-3256／FAX(03)3512-3270
https://www.maruzen-publishing.co.jp

組版印刷・創栄図書印刷株式会社／製本・株式会社 松岳社

ISBN 978-4-621-30974-2　C 3034　Printed in Japan